心理カウンセラー
朝妻秀子
Hideko Asazuma

幼児期・小学生・思春期

子どもが本当は欲しがっているお母さんの言葉

青春出版社

はじめに

はじめまして、心理カウンセラーの朝妻秀子《あさづまひでこ》です。

私が、自分の子育ての経験と心理カウンセラーという仕事に携わってきた中で、どうしてもお子さんを育てているお母さんにお伝えしたいことが出てきました。

それは、お母さんが子どもに伝えたいと思っている言葉と、子どもが受け取っている言葉には大きなギャップがあるということです。

わが子の人生が幸せなものであってほしいと願わないお母さんはいません。そしてそのために、日々、子どもにいろいろな言葉がけをしていると思います。

実は、そのお母さんが発した言葉は、意図するよりもはるかに強く子どもに伝わっています。しかも、ときにはまったく思いもしない意味となって。

私たちが、ふと無意識に取る行動は、何によって決められているか考えたことはありますか？

たとえば、初めて同じクラスになったお友達に、自分のほうから「私、〇〇っていうの、よろしくね」と、明るく挨拶する子もいますし、声をかけてもらっても、恥ずかしそうにモジモジしてしまう子もいます。

その咄嗟《とっさ》の行動を決めているのは、何でしょう？　これは、その子ども自身の「心の中でひそかに聞こえてくる言葉」からの影響がとても大きいのです。

自分のほうから明るく挨拶した子は、心の中で「きっと仲良くなれるわよ」と聞こえているのかもしれないですし、モジモジしてしまった子は「間違ったことをしてはだめよ」という声が響いているのかもしれません。

その声の源はどこでしょう？　それは、毎日聞いているお母さんの声なのです。

このことは、私が心理学を学ぶようになって、初めて知ったことでした。

それまでは、私自身2人の子どもを育ててきた中で、何の気なしに発していた言葉がたくさんありました。そして、私の思うように子どもが行動しないことにイライラしていました。

そこで、あらためて自分の言っている言葉をよく吟味《ぎんみ》してみたのです。

衝撃《しょうげき》でした！

子どもに愛情を込めて言っているつもりの言葉も、深く洞察《どうさつ》してみると、ただ私自身の不安を消すためのひと言だったりします。

そして、自分が言わんとしている言葉を、その意図は何だろうと考えながら発言するようになりました。

そしたら、またまた大きな衝撃が！　子どもが変わっていったのです。

たとえば、「おばあちゃんの家に行ったら、ちゃんとお行儀よくするのよ。挨拶もしっかりね」と声をかけているとき、表面的には、きちんとしつけをしているつもりなのですが、その意図を自分で探ってみると、「他の親戚の子も来る中、わが子のお行儀が悪いと恥ずかしい」と思っていることに気づきました。もっと

お母さんの言葉は
魔法の言葉

突き詰めると、「私自身がしつけもできない母親だと思われるのが恥ずかしい」とも思っていたのです。

そういう気持ちでいくら声がけしても、子どもからは、「はあ」とか「ああ」とか気のない返事しか返ってきません。

でも、「おばあちゃん、きっと楽しみに待っていてくれているね。また早起きして、みんなにおいしいごちそうを作ってくれていると思うよ」と言うと、子どもたちの目はキラキラと輝き出します。

おばあちゃんの家に着くなり、「こんにちは〜」と自発的に言っているではありませんか！

子どもは、親が本気で言っている言葉には、敏感に反応するのです。

子どもは待っています、お母さんの心からの言葉を。なぜなら、お母さんのひと言は、世界中の誰よりも、この世のどんなものよりも大事なものだからです。

本書が、日々の子育ての不安やイライラの解消と、お母さんが「子育てが楽しくて仕方ない」と毎日を思い切り幸せに過ごせる一助になれば、著者としてこんなにうれしいことはありません。

子どもが本当は欲しがっているお母さんの言葉　目次

序章

親の何気ない言葉、行動が子どもの「心の力」を弱くしています！　17

―学力より、しつけより大切な「自己肯定感」の秘密

目次

1章 男の子をダメにする言葉、女の子を傷つける言葉 37

――すぐにくじけてしまう子、打たれ強い子は、ここが違う

2章

気づいていますか？子どもが待っている本当のこと

3章

幼児期・小学生・思春期
子どもの自己肯定感を高める話し方・伝え方
—つい、こんなことを言っていませんか？

幼児期編

小学生編

4章

お母さんの言葉を子どもの心に届けるために

カバーイラスト●カモ
本文イラスト●高田真弓
本文デザイン&DTP●ハッシィ

序章

親の何気ない言葉、行動が子どもの「心の力」を弱くしています！

――学力より、しつけより大切な「自己肯定感」の秘密

お母さん、生き抜く力を育ててあげてください

子どもを授かったとき、喜びとともに、「どうか幸せな人生を送ってほしい」と願わずにはいられない親心が芽生えてくることでしょう。

どうしたら、幸せになるだろう……
能力を伸ばしてあげられるように……
皆から愛されるように……
大きく傷つくことのないように……

手探りながら、いろいろ工夫して育てていくことでしょう。
ところが、子どもに幸せになってもらいたいと思うからこそ取っていた行動が、正反対の結果を生んでしまうことがあります。

私は、心理カウンセラーとして12年、多くの方の相談を伺ってきました。子育ての問題で悩んでいるご両親の相談も、少なくありません。

その中で、すくすくと育っていたはずのお子さんが、心の病となり、社会生活もままならなくなってしまったケースもあります。

10代後半以降から心が不安定になり、その後、何年にも渡って苦しんでいるお子さんの相談に見えたお母さんが3人いました。性別、症状、不安定になったきっかけは、3人それぞれです。

私がショックを受けたのは、3人のお母さん方が皆、まったく同じ発言をされたことでした。

それは、

「**この子が大きくなるまで、石ころ一つない道を歩かせたかったのです**」

というものです。

その言葉には、子どもの幸せを願う親心が込められています。

わが子がつらい思いをするような経験は、たとえ小さなものでも排除したいという切実さが込められています。

しかし、そのあたたかい気持ちこそが、子どもを不幸にしてしまったとは、この3人のお母さんには、想像もつかなかったことでしょう。

「子どもが大きくなるまで、石ころ一つない道を歩かせたい」

この想いが、なぜ子どもを心の病に追いやってしまったのか？

私たちが、考え行動していることの中には、自分でも気づかないメッセージが含まれていることがあります。

子どものためと思っていることでも、実際に子どもにはまったく違うメッセージとして伝わってしまうこともあるのです。

そして、そのメッセージが、子どもが親に言ってほしいと思っていること、求めていることと大きくズレているとしたら……。そのことが、子どもの自信を奪い、くじけやすい子にしてしまうこともあるのです。

「子どものため」のつもりが、「子どもをダメ」にしているかもしれません

「石ころ一つない道を歩かせたかった」

そうおっしゃった3人のお母さんのうち1人は、とても教育熱心でした。

自分が子どもの頃、やりたくてもできなかったお稽古事を小さな頃から習わせ、小学校に上がると、どんな勉強方法がいいだろうと工夫を重ね、一生懸命、子どものために教材を揃えたそうです。

また、別の1人は、とても面倒見のいい、働き者のお母さんでした。早起きして、せっせと家事をこなし、いつもお家の中は清潔でピカピカです。食卓に出てくるおかずも、ほとんどが手作りです。子どもの服も、たくさん作ってあげました。

最後の1人のお母さんは、ご自身も教養豊かな方です。物事を合理的に考え、毎日の生活も計画性を持ち、家庭の生活も大変秩序立ったものでした。

それぞれのお母さんが、将来、わが子が立派な大人になれるよう、生まれたときから手を抜くことなく、一生懸命育ててきた様子が、こちらにもひしと伝わってくるものでした。

「あなたのためよ」

「きっと後で、これで良かったと思うから」

それはお母さんの本当の気持ちです。それを言葉にして伝えることで、子どもに思いが伝わると信じておられたのです。

不思議なことに、こうした接し方や子どもにいつも言ってきた言葉なども、3人のお母さんに共通していました。

「きちんと育てようとしてはいけないの？」「子どもに期待してはいけないの？」とお感じになるかもしれませんが、そういうことではないのです。

大事なのは、親の態度や言葉から、親自身が気づかないうちに、ネガティブなメッセージが子どもに伝わってしまうということです。

親が伝えたいことと、子どもがイメージすることのギャップ

「皆の迷惑になるようなことをしてはダメよ」

「そんなことしたら、皆から嫌われるわよ」

毎日、こんな言葉を聞いて育った子がいるとします。この子どもの中には、皆の迷惑になっている自分、皆から嫌われている自分のイメージが膨らんでしまうことがあります。

これを自己イメージといいます。

そういう自己イメージが築かれてしまうと、当然、他人に対して、不安、恐怖の気持ちが起こってきます。人間関係を円滑に進めていく自信もなくなってしまいます。

でも、親が伝えたいのは、

・迷惑になってはいけない

・嫌われないように行動するように

ということです。

いい人間関係を築いてほしいからこそ、そのように伝えているのに、まったく反対になってしまうのは、なぜなのでしょう?

言語的には、子どもにも親の言葉通り伝わっているのですが、潜在的なイメージとしては、

・迷惑になっている

・嫌われている・・

という自分が描かれてしまうのです。

それは、イメージを描く右脳は、言葉の否定形を認識できないからです。

たとえば、

「リンゴを思い浮かべないでください」

「絶対に、リンゴだけは思い浮かべてはいけません」

と言われれば、リンゴを思い浮かべてしまいます。

「リンゴを思い浮かべてください」と言われるのと、違いはないのです。

大事なのは「自己肯定感」を高めてあげることです

このように、親が何気なく発している言葉がきっかけで、子どもは「自分はダメなんだ」「期待されていないんだ」という自己イメージを抱いてしまいます。

それは、幼稚園や小学校低学年くらいの幼い頃から始まっています。

友達と遊んでいて、ケンカになったとしましょう。

いい自己イメージを持てないと、「僕が悪いんだ」「どうせ嫌われてるんだ」と、自分を卑下したり、責めたりする傾向が強くなります。

「どう言えば、わかってもらえるかな」「どうやって仲直りしよう?」というふうに、建設的にものごとを考えられなくなるのです。

そうした経験が積み重なっていくと、子ども自身が抱く自己イメージはどんどん悪くなってしまいます。そうなると、何かちょっとしたハードルや壁が目の前に現われたとき、すぐに弱気になったり、あきらめてしまったりするようになります。

「大丈夫! 自分ならやれる!」

と、思えないのです。

この「大丈夫!」「自分ならやれる!」と、自分自身で感じられ、行動に移すために大事なのが「自己肯定感」です。

自己肯定感こそ、くじけずに強く生きられるかどうかの大きなポイントになるものです。

わが子が将来困らないよう、しつけや学力をしっかり身につけさせたいと親なら誰でも考えます。でも、極端な言い方をすれば、子育てで一番大事なのは、しつけや学力の前に自己肯定感をしっかり植えつけてあげることなのです。

自己肯定感に満ちあふれている子には、自然に社会性も学力も備わってきます。

放っておいても「自己肯定感」が養われる時代ではないから……

最近の若者はメンタルが弱い、という言葉をよく聞きます。実際に、私たちが子どもの頃は、不登校という言葉を聞くこともなく、ひきこもりという現象もほとんどありませんでした。

昔だったら、多少つらいことがあっても、耐えること、乗り越えることができた子どもが多かったのに、今は、簡単にくじけてしまう子が多くなったということです。

以前と現代とでは、何がそんなに違うのでしょう？

私は幼い頃、身体が弱く、しょっちゅう高熱を出していました。

当時は、お医者様が往診に来てくださることも多く、私もよく自宅で診察してもらいました。

たしか、私が3歳か4歳くらいまでのことでしたが、その頃はまだ一般の各家庭に電話がなく、わが家もそうでした。では、どうやってお医者様に連絡を取るのかというと、誰かが呼びに行くのです。

50年前は、そんな日本だったのですね。

昼間、母と私しかいない中、病気の私を置いて母が病院まで行くことはできないので、近所の方に応援をお願いすることになります。

隣に私より7つ、8つ年上のお兄ちゃんが住んでいて、母はときどき、彼に頼んでいました。

お兄ちゃんは、きちんと役目を果たし、そのおかげで私はお医者様の診察を受けることができたのです。

そんなふうに、私たちは助け合い、自然と誰かが誰かの役に立っていました。

お医者様を呼びに行ったお兄ちゃんは、褒めてもらおう、評価してもらおうなどとは、考えていなかったと思います。

でも、私の母に「いつもありがとう」「頼りになるね！」と声をかけられるとうれしく思ったでしょうし、自分の必要性を感じることができたのではないでしょうか。

それは、まさに自己肯定感につながる体験だといえます。


また、自分の幼少の頃を考えると、身体を使い、智恵を出し合って遊ぶことが多かったように思います。

男の子と一緒になって木登りをするときは、自分を支えられる枝を身体の感覚で選んでいました。

女の子同士でおままごとをするときは、その辺の雑草や、土を食材に見立て、ごちそうを作っていました。そんなときは、想像力をフルに働かせて発想し、行動していたように思います。

そうやって、自分の感覚や思いつきを信じて、決断し行動に移すという経験は、小さな成功体験にもつながり、自然と自己肯定感を育てます。

「自分の感覚で、危険なことにならずに済んだんだ」

「自分の思いつきで、何かができたんだ」

というような経験を重ねていくことは、とても貴重です。

マニュアル通りに進んでいくゲームなどでは、そういった体験は得難いことかと思います。

また、スーパーやコンビニもなかったので、日常の買い物も商店街のお店を一軒一軒まわって、揃えていました。お手伝いで買い物を言いつけられると、お店の人に、自分で望むものを伝えなければいけません。

お肉屋さんでは、「合びき肉を300グラムください」などと、言わなくてはいけないのです。これは、子ども心には勇気のいることでした。

照れくさかったり、緊張したりしながら、だんだん慣れていきました。

こんな経験の中にも、小さな成功体験があり、自分が買ってきたお肉で作ってもらったハンバーグを食べると、心も満腹になったような気がしました。

昔のほうがいい時代だった、昔に戻った子育てをすればいいのだ、というような単純なことではないのです。実際に子育てするうえでも、今のほうがずっと便利なこともたくさんあります。

ただ、自己肯定感を育てるということから考えると、その機会が昔に比べて少なくなっているのは事実なのです。

今だからこそ、子育てで気をつけなくてはいけないことがあるということです。

「心の力」が弱い子どもの未来

私のクライアントの中には、若い方たちもたくさんいらっしゃいます。ある大学で行っている心理カウンセリングで、こんな相談を受けたことがあります。

2年生のある男子学生の相談は、バイトが続かないということでした。

面接には受かるのです。でも、どの職場でも、数日のうちに本人曰く「大事件」が起こり、イヤになって辞めるというのです。

「大事件って、どんなこと?」と尋ねると、「僕はがんばっていたのに、店長が皆の前で僕を注意した」という答えが返ってきました。

バイト仲間の前で恥をかかされるので、「もう、無理！」と思い、辞めてしまうことのくり返しだと言うのです。

話を聞いてみると、どの店長も彼を厳しく叱責したわけではなく、新人バイトに仕事を覚えてもらうために、「その仕事よりもこっちを先にやって」とか、「急いで！」と、声をかけただけのようです。少なくとも、私にはそう感じられました。

でも、そうした言葉を彼が「自分は否定されている」と過剰に受け止め、傷ついているようでした。

実は、こうしたことも、自己肯定感が養われているかどうかに大きく関係します。根本的なところに、自己肯定感が備わっていると、少しくらい注意されても、自分の人格そのものが否定されているとは受け止めないものなのです。「なるほど、そういうことか、次からはそうしよう」と、自分の成長に役立てることができるのです。

小さいうちは誰でも、親の庇護のもとにありますし、ある限定された人間との関わりの中で生きています。ですから、彼が言うような「大事件」はあまり起こりません。

いえ、実際には起こっているのですが、生きている社会が狭いので、なんとなくうやむやで終わってしまっているのです。

でも、そのうち、中学、高校と大きくなり、自分の足だけで歩き始めなければならなくなるときがきます。

子どもの間の生活や遊びの中で、小さな自信を積み重ねることができないまま大きくなり、自己否定感ばかりが育ってしまうと、人間関係などで生じた摩擦や亀裂、ちょっとした失敗に耐えられず、ポキリと折れてしまいます。ひどい場合は、自分が受けた傷を治そうと試みることを、すっかりあきらめてしまうことになります。

たとえば、この彼に「もっと自信を持って！」などと言っても、解決にはなりません。

彼が抱えている問題をいい方向へ導いていくには、彼の中にある根深い自己否定感を自己肯定感に変えていくことが大事なのです。

私は、それができるのが「親」だと思っています。

「本当に子どものためになる言葉」は一瞬で伝わります

私自身、2人の子どもを育てながら、いろいろな問題にぶち当たってきました。

実は、38歳で「心理学」を学び始めたきっかけが、そもそも子育てで悩んだことなのです。

子どもを伸び伸び育てたいと思っているのに、つい怒ってしまう。

もっと話を聞いてあげなくちゃとわかっているのに、子育てに追われる忙しさから、ついイライラした態度で接してしまう。

自分はいつも「子どものため」を考えているのに、どんどん子どもの心が見えなくなっていく。

なんでうまくいかないんだろう！

このままじゃ、大変！

追い詰められるような思いで、心理学を学び始めたのです。

そうして、頭ではわかっているけど実際の子育ての場面では言動に移せないという状態から、少しずつ子育てが変わっていきました。

子どもたちも大きくなり、独立した今、子育てをふり返って言えることがあります。

親が「本当に子どものためを思って発した言葉」は、「一瞬で」わが子に伝わるということです。

極端に言えば、私が子育てで悩んでいた頃、私は「子どものため」と思いながら、「本当に子どもが欲しがっている言葉」をかけてはいなかったのです。

そこに気づくまでに、私の場合は、随分遠回りをしました。

でも、その結果、自分がどんなふうに言葉をかけ、どんな態度で接したら、子どもが、毎日ニコニコ、元気に過ごすことができるようになるのか。自分に自信を持っていろんなことに挑戦し、くじけてもまた自力で立ち上がることができるようになるのかを、身をもって体験しました。

親にとって、子どもの将来ほど楽しみなことはありません。でも、不透明な時代だからこそ、不安の種は尽きません。

少しでもたくさんの方が、わが子の将来を、わが子と一緒に楽しみにしながら過ごせるようにと、私は本書を書きました。

今、まだお子さんが小さいお母さんも、とっくに自分の身長を越してしまったわというお母さんも、「一生くじけない大人」にわが子を育てる習慣を身につけていきましょう。

早すぎることはないし、遅すぎることもないのです。

1章

男の子をダメにする言葉、女の子を傷つける言葉

―すぐにくじけてしまう子、打たれ強い子は、ここが違う

男の子と女の子、違いを知らないと大変です

すぐくじける子どもと、打たれ強い子どもには、どんな違いがあるのか。

くじけない強い子を育てられる親と、育てられない親の違いは何か。

この章では、これらのことについてお話ししていきます。

子育ての悩み相談で、

「男の子と女の子では、育て方に差はありますか？」

「くじけてしまう子にならないよう、気をつけなくてはいけないことに違いがあるのでしょうか？」

という質問を受けることがよくあります。

心理学の観点からいうと、明確に男女の育て方について、差を表現しているものは、あまり見かけません。

ただ、いろいろな方のご相談に乗っていると、たしかに男の子と女の子では差

があるように思います。

というのも、もともと女性のほうが男性より、右脳と左脳を結ぶ橋の役目をする脳梁という神経線維《せんい》が太いそうなのです。

右脳は、感情や感覚やイメージを司っています。一方、左脳は、言語認識や論理的思考の役目がメインです。

この両者をつなぐパイプが太く、情報が行き来しやすいため、一般的には女の子のほうが、情緒を言語化することが得意といわれています。

あくまでも一般論です。情緒的でない、クールな女の子もたくさんいますし、詩人になる男性もたくさんいます。

育て方に性差があるというよりも、男の子と女の子では、感情の表現などに違いがあることを、親が知っておいたほうがいいということは言えるでしょう。

たとえば、男の子と女の子の兄弟がいて、その両親が留守がちだったとしましょう。

女の子のほうは「寂しい、寂しい」と感情を伝えて甘え、男の子は飄々《ひょうひょう》としていたからといって、女の子のほうが寂しがり屋だとはかぎらないのです。

男の子は、心に漠然と寂しさを感じているのかもしれないのに、それを表現できないでいることもあります。

言語化するということは、意識化するということでもあります。

一般的に、女の子のほうが、自分の感情に気づきやすいので、言葉に出して表現することも多く、周囲の人がその気持ちに気づいてあげやすくなります。

男の子は、言語化しないので、周囲の者たちは、大丈夫なのだろうと考え、放っておかれてしまうこともあります。

そしてそんな場合、男の子自身も、自分の寂しさに気づいていないことが多く、本当に「それほど寂しくない」と感じているのです。

ところが、心の中には寂しさがあり、それが顕在化しないために、成長の過程であるとき突然、無力感に襲われたり、依存的になったり、または、問題行動といった別の方法で表われてしまうことがあるのです。

普段と違う様子があったとき、とくに男の子は、本人も気づいていない原因があるということがあるかもしれません。

男の子をダメにする言葉

お母さんの中には、「男の子って難しい！」とおっしゃる方がいらっしゃいます。言うことを聞かず、毎日怒ってばかりになってしまう反面、気持ちがやさしく繊細なので、子育てで戸惑うことが多いのだそうです。

もちろん、それも個人差の大きいところで、一概に言えることではありません。ただ、男の子にとって、異性の親であるお母さんは、思慕の念を抱きやすく、お母さんの期待に応えたいという気持ちは、女の子より強い場合が多いように思います。

だから、大好きなお母さんに、説得力のある言い方をされると、多少納得できなくても、素直に従おうとする男の子が多い傾向があります。

女の子の場合は、前にも書いたように、言語表現が得意なので、無理な要求をされたと感じると、言葉で応戦するのですが、男の子はそれがあまり得意でないのです。

ときには応戦を試みるかもしれませんが、母親の言葉に負けることが多いので、しだいにあきらめてしまうようになるのでしょう。

結果、母親の言いなりになってしまう男の子も少なくありません。

そうすると、自我が育つべきときに、自我を作っていくことが困難になってしまいます。

自我というのは、英語でいうアイデンティティーです。つまり、自分はかくかくしかじかのものである、というものです。

自我を育てるというのは、自分の価値観、意見、考え方などを、ある程度一つのものとしてまとめ上げていくことです。

これを作り上げていくには、自分で仮説を立て、実行し、その結果を検証することが大切です。

子どもが仮説を立てた段階で、「それはダメよ」「そうじゃなくて、こうしたほうがいいわよ」「こうしなさい」などと言ってしまうと、子どもは、仮説、実行、検証の機会を失ってしまいます。

自分で、成功することも失敗することも経験できなくなってしまうのです。

親は、できれば失敗させたくないという親心から、あれこれ意見を言いたくなるのですが、その親心が子どもをくじけやすくすることもあるのです。

とくに、母親の意見に盲目的に従ってしまう男の子の場合は、そのことを留意して関わっていくことが大切です。

今お話ししした、自我の形成とくじけやすさの関係は、男女ともに言えることです。もちろん、女の子の場合も、気をつけてあげることが必要です。

女の子を傷つける言葉

男の子と違って女の子は、同性であるお母さんに対し、親友のような親近感を感じていたり、憧れを抱いていたり、また、ライバルのような気持ちを持っていることがあります。

それは、母娘によっていろいろだと思います。

ただ、いずれの場合にも言えるのは、「自分を認めてほしい」という思いが、男の子に比べて強い傾向にあるということです。

わが子をきちんと育てたいという思いで、子育てをしているお母さんがいるとしましょう。子どももそれに、一生懸命応えているとします。

そんなとき、お母さんに「こんなこともできないの?」「○○ちゃんは、しっかりやってるわよ」と言われると、その言葉を重く受け止め、深く傷ついてしまいます。

「本当は、自分はお母さんにダメな子だと思われているんじゃないだろうか」という思いが、その子の中で自己否定感を大きくしてしまうことにつながるのです。

また、女の子にとっては、異性の親は父親です。

世界でたった一人の父親に、そして、初めて出会う異性に、愛されたいと思うのは、当たり前のことです。

父親から見れば、それなりに大切に考え、愛情も持っているはずなのですが、それが上手く伝わらないことがあります。

たとえば、父親が他の兄弟ばかり大切にしているように感じていたり、仕事などで忙しく休日を一緒に過ごせないことが多いと、自分にまったく興味を持っていないのではないだろうかと信じ込んでいたり。そして、自分は父親に愛されていないのだ、という極端な受け止め方をしてしまうことがあります。

受け止めにくい事柄に出会うと、私たちの心は、自然に自己防衛をしようとします。

父親に受け入れてもらえないという思いに対し、場合によっては、男性という性を同一化するという策に出ることがあります。どういうことかというと、自分を男性的にすることによって、父親に近づきたいという願望を叶えようとしたり、自分の中に父親的要素を作りたいという、ちょっと不思議な心が働くのです。

自分の中に男性的要素を取り込んだことが要因となって、社会に出てバリバリ活躍し、愛情をくれなかった（と思い込んでいる）父親に仕返しするかのように、男性の同僚や上司に対して、強い敵対心を抱いたり、反抗的な態度に出てしまうこともあります。

もちろん、社会に出て活躍している女性が全員、父親に対して葛藤する気持ちを持っているということではありません。

しかし、自分でも気づいていない場合も多いのですが、幼少の頃に、安心して父親に甘えるという体験が積めなかったことで、仕事だけでなく、人間関係の面でも上手に男性に甘えることができず、自分の気持ちや希望を素直に表現し、相手の愛情や好意を素直に受けることができないということも起こります。

そして、大人になってから、いろいろなことがうまくいかないことを親のせいにしてしまい、苦しむことになります。

こうしたことを防ぐためにも、お母さんが、娘の気持ちを父親に伝えてあげる、または、どれほどお父さんがあなたのことを思っているか、娘に伝えてあげるなど、母親のちょっとした言葉や態度でフォローできることを知っておいていただきたいと思います。

育ってくる環境で差が出る、子どもの強さ

性差だけでなく、子どもの中には、傷つきやすい子と、多少のことがあっても打たれ強い子がいます。

もちろん、持って生まれた性質というものもありますが、多くの場合、育ってくる環境によって変わってきます。

ここに大きく関係しているのが、自己イメージです。

成長する過程で、形作られた自己イメージによって、心の打たれ強さに差ができてしまうのです。

自己イメージが高い子どもは、ちょっとしたことではくじけたりしませんが、自己イメージが低い子どもは、何気ない友達のひと言でも、心にグサッと突き刺さり、傷ついてしまいます。


自己イメージが高く傷つきにくい子というのは、概してできごとを良いこととして、受け止めようとします。

たとえば、進級してクラス替えがあったとすると、

「どんなクラスだろう。きっと楽しいことがあるに違いない」

と、心の中で漠然と楽しみに思っています。自然に、初めての友達にもニコニコと笑顔で近づき、声をかけます。

相手が、そっけない風であっても、

「そうか、緊張しているんだな。どうやったら、早く親しくできるかな？　何か

楽しいことに誘ってみようかな?」

と思うのです。

これが、自己イメージが低いと、

「どんなクラスだろう。バカにされたりしないかな」

と、心の中に漠然とした不安な気持ちを持っています。自然に、新しいクラスの中で、緊張し、表情もこわばっています。

親しげに話しかけてくるクラスメートにも、

「きっと、自信があるからこういう態度に出ることができるんだ。バカにされたりしないぞ」

などと、勝手に競争心を抱いてしまったりすることがあります。

自己イメージが低いと、自分を守ることばかりが優先され、友達の成功を喜ぶことができなかったり、場合によっては、他人の失敗を喜ぶ気持ちさえ湧いてきてしまいます。

自分を大切にする余裕がないときに、他人のことまで、思いやってあげることは難しいものなのです。

「傷つきやすい子は、その分優しく、他の人を傷つけることはない」
「打たれ強い子は、その子にとってはいいかもしれないけれど、鈍感なところがあり、人を傷つけても気づかないところがある」

そう思う方もいらっしゃるかもしれません。ところが、現実は、反対であることが多いのです。

なので、自己イメージを高めてしまったら、友達を平気でいじめたり、弱い子の気持ちをわかってあげられなくなってしまうのではないか、という心配は、まったく必要ありません。

「私の子育て大丈夫？」と不安になることは、誰にでも

この自己イメージの形成に影響する環境というのが、言うまでもなく、親の関わり方です。

私が心理カウンセラーになったのは、子育てで悩んだことがきっかけでした。

2人の子どもを育てながら、世のお母さん方とまったく同じように、いろいろな問題にぶつかってきました。

ここで、私自身の経験をお話ししながら、親のどんな関わりが子どもを強くするのか、また反対に弱くしてしまうのかについて考えていこうと思います。

小さなお子さんの手を引いているお母さんを見ると、わが子が小さかった頃のことを思い出します。

「ママ、ママ」と追いかけてきたことが、今では懐かしく、その頃の自分がうらやましくなるくらい素敵な時代として思い起こされます。

そして同時に、どうしてあんなかわいく幼い子どもを鬼のような形相で叱ることができたのだろう？　と、そのときの自分が不思議に思えてもきます。

「今が、一番いい時代よ。幸せね」

子どもの通っていた幼稚園の園長先生が、ニコニコと話しかけてくださった言葉が、今になって身にしみます。

子どもは伸び伸びと育てたいと考えていた私は、神経質な子育てをしないようにしようと努力していたつもりではありました。

でも、一日が終わって、ホッとするのと同時に、日中イライラして子どもを怒鳴りつけたことを思い返し、イヤな気分で過ごした夜も多くありました。

もっとおだやかに子どもと接していたいのに、気がつくと大きな声を出していたり、本当のことを言うと、おしりペンペンをしたこともありました。

「だって、ちっとも言うこと聞いてくれないんだもん」

誰にともなく、言い訳をしながら日々が過ぎていました。

私にとって子どもは、それはそれはかけがえのない大切な存在でしたし、いとおしさでいっぱいになることもありましたが、どこか納得のいかない自分の子育てに悶々とした気持ちを抱いていました。

でも、子育てなんて、そんなものかな？　とも心のどこかで思っていました。

そして、子どもたちが小学校に上がり、幼稚園のようにただ遊んで一日が終わるのではなく、授業や規則というものが日常の生活に入り込んできました。

さあ、そこからが私の子育ての最悪な日々が始まりました。

長男が、毎日何かしらやらかしてくれるのです。

・お友達とケンカして、相手のお子さんがケガをされています。

・授業中、勉強に必要なものが何も机に出ていません。

・今学期に入って、一度も宿題を提出していません。

その他、諸々……。学校から、ありとあらゆる注意を受けていました。

その当時の私は、頭を抱えながら、とにかく効果があるのではないかと思うことを、必死になって試してみました。

もちろん、叱ってもみました。いえいえ、頭ごなしに言ってもダメ、ゆっくり説得してみたりもしました。子どもといろいろ約束事を取り決めてみたりもしましたし、子どもの言い分も聞いてみようと努力もしました。でも、すべて何の効果もありません。

次の日に学校に行けば、また、何かやらかしているのです。

わが子にいったい何が起こっているの？

なぜ、うちの子は問題ばかり起こすの？

いったいこの子が大きくなったら、どんなことになってしまうのだろう？


不安ばかりが大きくなっていきました。

子ども自身も、表情に輝きがありません。学校では、しょっちゅうお腹が痛くなっているようでした。

親も子も、それこそくじけそうになっていました。

子育ての悩みに向き合う日々は、迷いだらけ

そんなとき、ある子育てに関するセミナーを、お友達のママが教えてくれました。そのセミナーに通ううちに、私の中に大きな変化が起こり始めました。

まず、一つ目の変化は、人前で自分の悩みを語り始めるようになった、という

ことです。

私は、二人姉妹の長女として育ったという経歴が関係していると思うのですが、あまり他人に自分の悩みを相談することがありませんでした。

「お姉ちゃんなんだから、甘えたりしてはダメだ」という子どもの頃の決意が、人に弱みを見せにくい性質を作っていったのでしょう。

しかし、参加者のディスカッションを中心に、プログラムが進められるそのセミナーで発言を重ねるうち、私は自分の悩みを暴露していたのです。

他のお母さんたちが、真剣に話を聞いてくれます。私の発言を受けて、感想を言ってくださったり、励ましてくれたりします。人の心のあたたかみに触れ、ときには涙し、大笑いし、多くの気づきを得てプログラムを終了しました。

そして、もう一つの大きな変化は、次のようなことです。

そのセミナーに参加を決めた当初の私は、「さあ、うちの子を更生させてやるぞ！」と意気込んでいました。

ところが、プログラムの回が進むうちに、大変なことに気づかされました。

そのセミナーで奨励している、親から子どもへのコミュニケーションのパターンについて学んだときのことです。心から素晴らしいと感じ、「そうか、そう考えればいいんだ」「何だ、そう言えばよかったのか」と頭では理解できるのですが、いざ、家に帰って子どもに向き合うと実践できないのです。

あれ？　ちゃんとできていないのは、子どもではなくて、私？

そして、とうとう全プログラムを終了したとき、子どもに向けていたベクトルの向きが、方向転換して私自身に向かってきたのです。

あれあれ？　更生しなくてはいけないのはワ・タ・シ？

そこで、自分を見つめ直し、成長するには、心理学がいいのじゃないかしら？と思い立ち、心理学を学びながらの子育てが始まったのです。

実際には、「心理学」と「心理カウンセラー」の理論と技術を学び始めました。

言っちゃダメ、やっちゃダメとわかってはいるけれど

私が、子育てのセミナーでなかなか実践できなかったことの中に、「子どもを

尊重する」というものがありました。

心理学を学び始めてからも、「人は誰でも価値があり、尊重される権利がある」という言葉を知りました。

この言葉が指し示すのは、人種、性別、年齢に関係なく、その価値は平等ということです。

現実には、いろいろなところで差別がまかり通っているという悲しい事実はあるのですが、この言葉は実に正しいですし、本当に平等であってほしいと心から願いました。

でも、でもです！　わが子に対して、平等に尊重して関わるってどういうことなのでしょう？

命の大事さは、理解できます。真実は、そのときになってみないとわかりませんが、もし子どもか私のどちらか一方しか助からないという危機に直面したら、私は子どもを優先するだろうと思います。

ただ、日常の生活の中で、子どもと平等に関わるって、具体的にどうしたらよいのか？

私は、途方に暮れました。

だって、私のほうが、そりゃ経験が豊かです。彼らが知らないことをたくさん知っています。

社会のルールだって、常識だって、私のほうがずっと知っているに決まっているじゃないですか。

頭ごなしに命令したり、傷つけるような批判の言葉は言わないまでも、

「こうしたらいいんじゃない？」

「ここでは、〜〜しなくちゃいけないのよ」

「もっとこうすれば？」

そんなことは、毎日のように言っていました。

本当のことを言うと、心理カウンセラーの技術としては、そのような応答は、ブッブー！！　大間違いということになっています。

理想的には、子どもが考えていることや意見を尊重し、「そう考えているのね」と言わなくちゃいけないのです。

ときには、もちろん子どもの意見も聞きます。でもやっぱりそれではまずいと

思ったときは、「そう考えているのね」と言った後、「でもね」とつけ足してしまっていました。

だって、どう考えても間違っているんです。そんなことしたら、絶対上手くいかないのは目に見えています。

心理学を学び始めても、またまた、子育てセミナーのときと一緒だったのです。教室で授業を受けている最中は、ニコニコ笑って、フンフンと納得しているのですが、子どもを目の前にすると、どうしても上手くいきません。

尊重って？　平等に関わるって？　何を言えばいいの？　私はダメ母？

その迷いはなんと2年間くらい、私の頭の中でグルグルしていました。

そして、その間に、とうとう長男は、不登校気味になっていきました。

始まりは、中1の夏休み明けでした。朝、ベッドからなかなか起きてきません。だらだらと支度をして、そのうち、「今日は体調が悪いから休む」というような日が、1週間に2日、3日と増えていったのです。もちろん、主人にも相談し、それなりに協力してくれました。

でも、なかなか改善しません。私は、どんどん不安になっていきました。

これからずっと不登校が続き、そのうちひきこもり状態になっていったら、どうしよう……。

きっと、そうなっていくんだ!!

「普通に育ってくれれば」の落とし穴

そんな日が数週間続いたある朝のことです。

その日も、ベッドから起き出さない長男に声をかけに行き、「ん〜」と、唸っているような声を聞いたとたん、私の中で本当に何かがプチンと切れました。

「も〜サイテイ!!!!」

そのときです。

「本当に最低ですか?」

と、どこからか声が聞こえてきたのです。あれを天の声というのでしょうか?

私ははっとしました。

「最低……って、何と比べて最低なんだろう?」

私の中で疑問が湧きはじめました。

私が普通と思っていることを基準として、それと比べて今を最低だと私は思っているわけです。

「私、何を普通と思っていたのだろう?」

毎日学校へ行く
親や先生に怒られてはいけないと感じる
成績が悪いといけないと感じる
ときには努力する
ときには感動する
ときには反省し、「ごめんなさい」と謝る
約束は守る
何人かの親しい友人がいる
何か得意なものがある

など……

私が、考えている普通とは、このようなものでした。

別に、何かでクラス一番になれとか、そんなこと思っているのではない。私は、ただ、ごく普通のことができてくれればいいの、と考えていたのです。

それのどこに無理があるというの？

またまた天の声が聞こえてきました。

「残念だけど、あなたの息子さんは、あなたの考えている普通の枠には入っていないようですよ」

あらら…。

そこで、ずっと心にあった疑問のひとつが解けました。

以前受けた子育てのセミナーで、「子どもの建設的なところを探しましょう」というワークがありました。そのとき、なんと私は、「うちの子どもは、建設的なところがないのです」とのたまっていたのです。

「建設的なところ」というのは、肯定的なところ、平たく言えばその子のいいところ、さらには、今は結果が出ていなくても、良くなろうという気持ちが感じられるところ、という意味です。

それをないと言い切ってしまった当時の自分を思うと、ゾッとします。

わが子の本当の姿を見ようとしていますか？

天の声のおかげで、私は、今まで子どもの本当の姿を全然見ていなかったことに気づきました。

これでは、減点ばっかりです。建設的なところが何ひとつないように思えてし

まいます。

息子の現状が見えれば、その中には建設的なところも発見できます。

その日は結局、主人は勤めに出かけ、下の娘が学校に行った後、息子が起きてきました。食卓には、息子の分だけ朝食が冷たくなって残っています。

それを、何も言わず食べ始めた息子を見て感じたことは、昨日までの私とまったく違っていたのです。

それまでの私だったら、「はぁ〜。学校にも行かないで、ご飯だけは食べるんだ」などと思っていたことでしょう。

でも、その日、私の口から自然と出たのは、こんな言葉だったのです。

「T君って、好き嫌いないよね」

それを聞いた瞬間に、息子は「あれ？　お母さん、なんか違う」と感じたようです。

朝食をとった後、急に息子が語り出しました。学校でのこと、先生や友達のこと。自分の気持ち。

そして、次の日から、学校へ行き始めました。

必ず見つかる「わが子のいいところ」

天の声などと言うと、なんだかスピリチュアルめいて聞こえるかもしれませんが、私は何も霊感のようなものがあるわけではありません。

ただただ愚直に、子育てセミナーや心理学スクールで学んだことを自分の子育てに生かしたい、子どもたちが強く生きていける手助けをしたいと、必死にもがいていたので、ふいにスイッチが入ったのだと思います。

息子の本当の姿を見ることができるようになったとたん、芋ズル式にいろんなことがわかってきました。

心理学のクラスで学んだ、あの2つの言葉はこのことだったんだ！　というのは、とても大きな気づきでした。その言葉とは、

〈成長仮説〉

〈実現傾向〉

です。

これは、カウンセリングの神様といわれる、カール・ロジャーズの言葉です。

「人は誰でも、生まれながらに、心身共に健康に成長したいという思いがある」という仮説。

「人は誰でも、自分らしさをこの人生で実現したい」という傾向。

カウンセラーは、この仮説と傾向を信じて、クライアントに関わろうというものです。

なるほど〜〜〜〜！！！

つまり、子どもたちはまだまだ未熟で、経験や知識は私よりずっと少ないけれど、彼らにも〈成長仮説〉と〈実現傾向〉があり、それを信じて関わっていけばいいっていうことなのね！

子どもを尊重するって、具体的にはどういうこと？　という2年間の迷いが、やっと吹っ切れました！

というわけで、その日から、子どもたちの〈成長仮説〉と〈実現傾向〉探しが始まったのです。

朝、学校に行くために着替えを始めているわが子を見て、

「なるほど、けっして優等生とは思えない行動ばかりだけど、それでも今日もまた学校に行こうとして、そこで、何かの経験をしようとしているのだな。これは、自分を成長させようと思っている行動なんだな」

ご飯を食べているのを見て、

「よく考えると、この子たちは、毎日たくさん食べているな。これも成長しようという思いの表われなんだね」

遊んでいる姿を見て、

「ときには協調して、ときには主張し合って、お友達とよく遊んでいるな。これも自分らしさを実現しようという傾向の表われなんだな」

という具合です。


至極当たり前の、普通、誰も褒めたりしない行動ばかりです。

でも、その当たり前の行動の中に、たくさんの〈成長仮説〉〈実現傾向〉がありました。

問題行動ばかりしていると思っていたわが子の中に、たくさんの肯定的な行動を発見できたのです。

あった、あった建設的なところ！

ここが、この子のいいところ！

私自身が楽しくなりました。

そして、そのとき初めて、わが子を距離を置いて眺めるということができたように思います。

「いいところ探し」で子育てはもっと楽しくなります

至近距離で見てしまうと、子どもの言動のすべてを、自分の価値観の網の中で判断してしまいます。

これは正しい、これは間違い。これは価値がある、これは価値がない、というふうに。さらに、それらに対してコントロールしなくちゃという考えも伴ってきます。正しい方向に進ませなくっちゃ、価値がある行動をさせなくっちゃ、という具合です。

でも、子どもの〈成長仮説〉〈実現傾向〉を信じると、それらのすべてから、手を引くことができます。だって、子どもは自ら、

「生まれながらに、心身共に健康に成長したい」

「自分らしさをこの人生で実現したい」

と、思っているのですから。私があれこれ言わなくったって、誰より自分自身

の幸せを願っていることでしょう。

そして、ある日……。朝日を浴びながら登校の支度を整えている子どもたちと、子どもたち自らの力を信じて、距離を置いて見ている自分。この子どもたちと自分の間にある空間を埋めているもの……それを「愛」というのだな、とじんわりと感じました。

そんなことがあって、私の子育ては劇的に変化していったのです。

つらかった子育て、悩んでばかりいた子育てが、ワクワク楽しいものとなっていきました。

尊重するだけで、心は強くなる

わが子を将来くじけない大人に育てるために、お母さん方に知っておいていただきたいのが、これまでお話ししてきたように、子どもを尊重する子育て、子どもの〈成長仮説〉〈実現傾向〉を見守る子育てなのです。

子どもの〈成長仮説〉〈実現傾向〉を信じることができると、自然と細かいことに口を出さなくなります。

そして、その見守りが、子どもの自己肯定感をぐんぐん高めていくのです。

以前、私の心理学のクラスに参加されたお母さんの体験談を紹介しましょう。

5歳の女の子を連れて、児童館に遊びに行ったときのエピソードです。

体育館のようなところで、お母さんから離れて、一人で遊具で遊んでいたところ、「ママ～」と叫びながら走ってきて、「意地悪するお姉ちゃんがいる」と半べそをかいていたそうです。

それまでの彼女だったら、「小さい子をいじめちゃいけないのよ。仲良く遊んでね」と、介入していたところですが、その気持ちをぐっと抑え、クラスで習った心理学を活かそうと、

「そう、○○ちゃんなら、大丈夫よ。ここで、ママ、見ているね」

と言ってみたそうです。

娘さんは「ふ～ん」と、仕方なさそうに、一人で戻っていきました。様子を見ているると、たしかにお子さんより2、3歳年上と思われる女の子にちょっかいを出されています。

お母さんが静観していると、またお子さんが駆け寄って助けを求めます。そこで、

「きっと、〇〇ちゃんだったら、自分で考えられると思うよ。ここで見ているね」

と、子どもを尊重しながら、もう一度、言ってみたそうです。

娘さんは、また遊具に戻って行き、そこでとても劇的なことが起こったのです。

突然、娘さんが大きな声で、

「ねえねえ、私と遊びたいの？　そうしたら、遊ぼ！　って言わなくちゃいけないんだよ」

と、その年上の女の子に言っているのです。結局、その日は、その後二人で仲良く遊んでいたそうです。

子どもには、私たちが想像できないくらいの知恵と勇気があるのです。これは、大人だってなかなかとれない行動です。まさに尊重すべきですね。

そのひと言が、自信もやる気も失わせています

今の例からもわかるように、親がちょっと離れて見守る育て方が、子どもの心を強くしていくことにつながります。

あれこれと口を出されることで、自信をなくしてしまったり、力を出せなくなってしまったり、また、反発したくなってしまうのは、何も子どもだけではなく、大人でも同じです。

以前、子育てセミナーの中で、初心者ドライバーのワークを体験したことがあります。

そのワークは、参加者の中から3人が立候補し、1人は車の免許を取ったばかりの初心者ドライバー、1人はそのドライバーのお母さん、残りの1人がお父さん役になり、皆の前で簡単な寸劇をするものです。

最初に、そのドライバーは、助手席にお母さんを乗せます。

心配性のお母さんは、

「左に曲がるんでしょ、早くウインカー出さなくちゃ」

「あら、ブレーキを踏むタイミングが遅いわ、危ないじゃないの」

「ちゃんと、後ろを確認して……。あ、危ない、危ない」

などとセリフを言います。

次に、お父さん役の人を助手席に乗せます。

お父さんのセリフは、

「ほう、初心者にしては、上出来だね」

「おお、ラクチンだ。お前に車で送ってもらえるようになったとはな～。うれしいね～」

「もう着いたか、はい、ありがとう」

などというものです。

ワークが終わると、それぞれの役を演じた者も観客側にいた参加者も全員で感想をシェアします。

ドライバー役を演じた人は、

「お父さんに乗ってもらったほうが、落ち着いて運転できる気がする」

と感想を述べていました。

つまり、隣からあれこれ口を出されると、人はやりづらいし、やる気をなくしてしまうということです。

現実で、これとまさに同じ体験をされた方もいらっしゃるのではないでしょうか？　私も主人を助手席に乗せて運転しているとき、隣から主人に注意されると、イライラするだけでなく、運転そのものよりも、主人の言動に注意が行きがちになってしまいます。

このタイミングでブレーキを踏むと、また何か言われるのではないかしら？　言われる前に、車線変更しなくっちゃ、というように。

それだけならよいのですが、そのうちに主人に頼っている自分に気がつきます。これだけあれこれ注意してくれるのだから、周囲の状況も見てくれているに違いない。何も言わないということは、左側からは車も自転車も来ていないということよね……などと、勝手に思ってしまうのです。

もしギリギリになって、主人に、「危ない、左から人が来ているじゃないか！」

などと言われたら、「なんでもっと早く言ってくれないの？」とまで言いそうな雰囲気です。

ちなみに、このことに気づいた私は、主人に、

「あなたと同じ運転免許を私も持っているのだから、私も責任を持って運転しなくてはいけないの。任せてもらって大丈夫よ」

と言ったところ、主人もハッと気がついたそうです。

「自分のほうが先輩ドライバーだから、教えてあげなくちゃいけない」と思っていたそうなのです。

私の言葉を聞いて、かえって気持ちがラクになったそうです。

まさに、子育てで同じことが起こっていますよね。

トライ＆エラーのチャンスを阻んでは、もったいない！

子どもを尊重して関わろうとしていると、母親の私が何もかも責任を持たなくちゃいけない、という考えからも解放されます。

彼らは、彼らなりに自分を成長させるために、自己実現させるために、たどたどしいながらも、日々体験を積み重ねているのです。そこをくみ取って、尊重するわけです。

「ああしなさい、こうしなさい」と口やかましく言われるより、子どもは結局自分で責任を持って、行動することになるのです。

序章で紹介したエピソードの中で、心が壊れてしまったお子さんのお母さんが異口同音に発した、

「この子が大きくなるまで、石ころ一つない道を歩かせたかったのです」

という言葉。

ここまで読まれてきた方には、そのお母さんの気持ちが、なぜお子さんたちをくじかせてしまったのか、その原因がもうおわかりだと思います。

そこには、子どもを尊重する気持ちがなかったのです。

「あなたなら、できるはず」

「あなたなら、工夫してみるはず」
「あなたなら、自分の人生が幸せになるよう行動するはず」

子どもが困難にぶつかったとき、親がすぐに解決に乗り出さず、このように尊重して見守ってみましょう。

子どもは、「そうなのかな～？」「できるのかな～？」と思い、いろいろ試してみるでしょう。

すぐに結果が出ないこともあるでしょう。でも、大切なのは、その工夫して試してみるという行動です。

ときには、子どもにも忍耐が必要かもしれません。

子どもの解決の仕方は、親が思っているのとは、まったく別の方法かもしれません。

随分効率の悪い方法かもしれません。

でも、何度もトライ＆エラーを重ねている間に、何かしら解決する方法を見つけることができるでしょう。いろいろ経験していくこと、それがその子にとっての成功体験になります。

もし、親がすぐに手を出してしまったら、子どもの成功体験を阻むことになってしまうのです。


仮説を立てて、実行して、検証する。これをくり返していくことで、自分の判断力が鍛えられていきます。

仮説を立てる際には、多くの情報を必要とするでしょう。そうすることで、コミュニケーション能力や、情報収集能力を身につけられます。

実際に行動する際には、行動を選択することになります。選択するためには、自分の価値観と向き合う必要があります。

たとえば、

「自分の意見を言いたいけれど、もしかしたら孤立してしまうかもしれない、そうなっても発言する価値があるのだろうか?」

というようなことです。子どもであっても、そのような選択を迫られることはあるでしょう。そうすることで、自分の価値観をはっきりしたものにしていくことができるのです。

それは、思春期を迎える頃に訪れる自我の確立に大きな影響を与えます。

もし、この機会を親が奪ってしまったとしたら、

・成功体験を経験することができず
・コミュニケーション能力が身につかず
・自分の価値観もよくわからない
・自我が確立できない

子どもになってしまいます。

自我が確立しないと、ひどい場合は、社会に適応できなくなってしまいます。

それほどの症状ではなくても、自分が何を楽しいと思っているのかもわからないし、何をしても自信がなく、常に自分が弱くとても成功するとは思えないという気持ちを抱くようになってしまうのです。

自己肯定感を高めるどころか、自信のなさばかりが募っていくようになります。

その一歩を踏み出せる、強い子にするために

先日、理系のある大学教授とお話しさせていただいた中で、
「ノーベル賞に輝くような大きな発見や発明も、それまでの何年もの間の研究、実験の積み重ねなんです」
という印象的な言葉を聞きました。そして、それはその研究に携わった個人や1チームの積み重ねではなく、長年に渡り、その研究に関わってきた多くの人やチームの努力の積み重ねなのだそうです。

でも、今の学生の中には、実験に積極的でない子も多く、仮説を立てている段階で、「失敗するかもしれない」と弱腰になり、結局実験にまで至らないそうです。

先生としては、「失敗でもいいじゃないか」「どんなに素晴らしい発見や発明でも、失敗のくり返しの上に成り立ったのだから」と強く思うのだそうですが、失敗を恐れて、一歩を踏み出せない子が少なくないとのことです。

失敗をすることの恐れ。少しでも失敗をしたら、くじけてしまうだろうという

自分への自信のなさ。

これでは、失敗もしないうちから、すでにくじけてしまっているともいえます。せっかくの若い力や、眠っている能力が、開花せずそのままになってしまっているのは、残念で仕方ありません。

くじけている子どもが多くいるということは、日本の国としてもどれだけ深刻なことかとあらためて考えさせられます。

そしてそれは、自分さえ失敗しなければいい、自分さえ恥をかかなければいいという、非常に自分勝手な考え方ともいえます。

その大学教授は、

「だから、どんな立派な賞を取った科学者でも、自分の功績は、それまでの多くの研究者たちの成果だということを知っているのです。自分の力だけで取ったとは思っていません。研究している方も、自分たちが捨て石になることは覚悟のうえで、日々研究を重ねているのです」

と、おっしゃっていました。

失敗を恐れず一歩を踏み出す勇気というのは、エゴから外れて、誰かのために、社会のために、人類のために働き、何かを創造するというレベルに通じるものかもしれません。

多くの若い方の心がくじけているということは、明日の日本を考える者がいなくなってしまうということにもつながる、危惧すべきことなのです。

2章

気づいていますか？子どもが待っている本当のこと

―「I am OK. You are OK.」の原則で子育てが変わる

なぜ、すぐくじける子に育ってしまうのでしょう

子どもの心の強さに関係するのが、自己肯定感。そして、その自己肯定感と大きく関わるのが自己イメージだということは、これまでもお話ししてきた通りです。

実は、この自己イメージとは、単に自分に対してのイメージを指すだけでなく、他人に対しての「他者イメージ」、そして社会全体に対しての「社会イメージ」と密接に関係します。

この3つのイメージをどのように持っているかということが、非常に大切になってきます。

それは、くじける子になってしまうメカニズムとも深く関わりますので、ここで説明していきたいと思います。

それぞれの理想的なイメージとしては、

「自己イメージ」
自分は、それなりにいい人間だな
私のことだから、何とかするだろう
私は、人から愛されてもいいだろう

「他者イメージ」
尊敬できる人はたくさんいるものだな
信じられる友達は作れるものだ
人を愛するって素敵なことだ

「社会イメージ」
世の中は、がんばれば認めてもらえることもある
きっと夢は叶えられる
世の中、悪いことばかりでもない

おおよそ、このようなものでしょう。
子育てで大事なのは、今挙げたような「いいイメージ」を子どもが持てるようにしてあげることです。

もし、この反対のマイナスイメージを持っていたらどうでしょう？

「マイナスの自己イメージ」
自分は、放っておくと悪いほうにしかいかないだろう
私のことだから、たいてい上手くいかないに違いない
私のことを愛してくれる人なんて、まずいないだろう

「マイナスの他者イメージ」
誰もかれも、ろくな人ではない
信じられる人間なんて、まずいない
人を愛するなんて、とても無理だ

「マイナスの社会イメージ」
　どうせがんばったって、損するだけだ
　夢なんて、叶えられるわけがない
　世の中、悪いことばかりだ

　わが子がこのようなマイナスのイメージしか持てない状態だと、親は不安になってしまいますよね。

しつけの延長線上にイメージしてほしいもの

　街中で、親子連れの会話が耳に入ることがあります。

「ホラ、皆に笑われるでしょ、そんなことしちゃダメよ」

「そんなことしたら、幼稚園の先生に怒られるわよ」

　マナーを身につけさせよう、社会性を育てようと、お母さんは一生懸命なのでしょう。

しかし、このような言い方は、子ども自身の自己イメージを否定的なものにしてしまいかねません。また、他人や社会に対する不安を植えつけてしまうことがあります。

たとえば、

「ホラ、皆に笑われるでしょ、そんなことしちゃダメよ」

と、頻繁に言われて育った場合、

「他人は、僕の行いを見て、笑ったりバカにすることがあるんだ」

という考えを持ちやすくなります。

他人の前ではおちおち気を抜いているわけにはいかないぞ、簡単に他人を信じるものではないという考えにも及び、他者イメージが否定的なものとなってしまいます。

また、「人にどう思われるかが重要だ」という考えが芽生え、行動の軸を他者にゆだねてしまいやすくなります。

つまり、自分が何をしようとしたかが重要なのではなく、他者がそれをどう受け取ったかが大事になってしまうのです。他人は、それぞれの価値観や考えを持っているので、ある人には受け入れられる行動が、別の人には受け入れられないということがあります。

行動の軸が自分自身にないため、自分は何をしたら正しいことになるのかがわからなくなり、常に不安な気持ちを抱くようになってしまいます。

そして、何をしても正しいことをしているという実感が持ちにくくなり、何か自分は間違っているように感じてしまいます。

他者イメージが否定的なものになってしまうと、結局それが、自己イメージをも否定的にすることにつながるのです。

同じように、否定的な社会イメージが他者、自己のマイナスのイメージへと影響することもあります。

ここで、お母さん方に知っておいていただきたいのは、子ども自身が持つ「自己イメージ」と「他者イメージ」「社会イメージ」は、それぞれに影響し合い、密接に関わり合っていることです。

そして、とくに幼児期に子どもをしつけるときには、その延長線上に肯定的な

「自己イメージ」「他者イメージ」「社会イメージ」が生まれるような言い方や接し方を心がけてほしいということです。

親の言動で子どもの自己イメージがマイナスに

私が、自分の子ども時代に不合理だと感じたことはわが子にはするまいと決意し、意気揚々と子育てに取り組んだものの、数年後、みごとにくじかれてしまったことは、先にお伝えしたとおりです。

私は、子どもに対し、大それた期待を持っていたつもりはありませんでした。とくに優等生であってほしいと願っていたわけでなく、ごく普通の子どもでいてほしいと思っていただけでした。というか、そのつもりでいました。

毎日学校へ行く、親や先生に怒られてはいけないと感じる、成績が悪いといけないと感じる、優しい気持ちを持っている……。

ところが残念なことに、これらをわが子は満たしてくれないのです。

なぜ？　どうしてできないの？

私は、毎日、毎日、この普通（だと信じていた）の基準から、わが子を減点法で見ていました。

「また、ここが足りない」

「ここができていない」

私は、幻の子をわが子のあるべき姿と信じ、必死に追い求めていました。この愚かな行動は、どれほど私自身にストレスを与えていたことでしょう。そして、どれほど膨大な負のエネルギーで子どもを苦しめていたでしょう。

子どもの問題行動の原拠《げんきょ》……ここにあり！　です。

子どもに期待を持つことは、素敵なことです。でも、私がやっていたことは、勝手な偶像を作り上げ、「あなたはこれと違う！」と文句をつけるのと同じことでした。想像の産物と現実を比べているのですから、それは、違うに決まっていますよね。

心理カウンセラーとしての勉強を積む中で、「ありのままのその人を受け入れる」という言葉を何度も聞きました。

その頃の私は、息子に毎日「あなたはそのままではダメだ」と言っていたことになります。「そのままではダメだ」ということは、結局「あなたはダメだ」ということです。

そうした私の言動が、息子の自己イメージを否定的なものにし、友達や学校など、彼を取り巻く人たちや社会に対するイメージまでも悪いものにしてしまっていたのです。

子どもが親に求めているものって？

では、どうしたら「あなたはそのままではダメだ」ではない伝え方ができるようになるのでしょう。

そもそも子どもは、親にどんなことを求めているのでしょう。ここで、一緒にイメージしてみていただけますか？

あなたは、小学1年生の小さな女の子だとします。今日、学校でお友達に意地悪なことをされ、目に涙をため、一目散に家に帰りつきました。

「ママ、お友達に意地悪された……」と、打ち明けたとき、次のうちどんなふうに言ってほしいと思いますか？

①あなたのほうから、先に何かしたんじゃないの？
あなたはちゃんと注意しないところがあるからね。
②誰がそんなことしたの？
どうする？ お母さんが、その子のお母さんにひとこと言ってあげたほうがいい？
それとも先生に相談する？
③まあまあ、そんなこと、よくあることよ。
ほ～ら、ケーキがあるのよ。
そんなこと忘れて、早く手を洗ってきなさい。
④そう。そんなことがあったの？
ほら、ここに来て。
そっか、悲しい思いしたんだね。

私は、④のように関わってもらえたら、ほっとするように思えますが、いかがですか？

①の裏のメッセージはなんでしょう？

そうです。これは子ども自身がマイナスのイメージを持ってしまうメッセージとなってしまっています。

「あなたは、ちゃんと注意しないダメな子だ」というメッセージになってしまっています。

さらに、「そんなあなたを他人は容赦しないものだ」というふうに、他者に対してのマイナスイメージを与えてもいます。

②の裏メッセージの直接的なものは、人に対するマイナスのイメージです。他人はひどいことをするものだから、ときには復讐が必要だということです。

さらに、「あなたでは対処できないでしょうから、お母さんが何とかしてあげる」という子ども自身に対するマイナスメッセージにもなっているのです。

③の裏メッセージは、ちょっとわかりにくいかもしれませんが、「あなたの問

題は重要ではない」ということです。「どうでもいいことだから、お母さんはそんなことには関わらないわよ」ということです。結果的に、「あなたは重要ではない」というマイナスメッセージになっています。

では、④はどのようなメッセージになっているのでしょう?

「あなたの気持ちはわかりました」

「あなたがどう感じたか、それはとても大切です」

ということです。つまり、

「あなたは大切な存在です」

というメッセージになっているのです。

そして、あなたなら自分で解決できるはず、お友達も解決に協力してくれるはず、きっとあなたなら何か工夫ができるはず、という大切なメッセージを伝えています。

「I am OK. You are OK.」の態度が何より大事

子どもの心を強くする子育てのコツは、この④のような態度に集約されます。

「あなたはいい子だね、世間も温かく見守ってくれるよ」

＝「I am OK. You are OK.」

「I」は「子ども自身」、「You」は「周囲の人たち」を指します。この対応こそが、子どもの自己イメージをよくし、他者や社会に抱く信頼感も高めます。


たとえば、子どもが、使った食器を流しまで運ぶお手伝いで失敗し、お皿を割ってしまったとします。

そんなとき、お母さんが「I（子ども）am OK. You（周囲の人たち）are OK.」の態度でいれば、自然に「お手伝いしてくれていい子ね、みんな頼りにしているからね」と声をかけることができます。

子どもは、失敗してしまった恥ずかしさを感じているでしょうし、怒られるんじゃないかとビクビクしているかもしれません。

でも、親からこうした態度で接してもらうことで、「次はがんばろう」とやる気が出るし、自分で工夫できるようになるのです。

これに対し、

「ダメな子ね。他の子たちを見てごらん」

＝「I（子ども）am not OK. You（周囲の人たち）are OK.」

「あなたは悪くないのよ。でも他人は信用できないものよ」

＝「I（子ども）am OK. You（周囲の人たち）are not OK.」

という態度は、自己イメージを悪くするだけでなく、他者イメージと社会イメージも悪くします。自分にも他人にも、ネガティブな感情を抱きやすくなります。

最悪なのが、

「あなたもダメだけど、誰も助けてなんてくれないわよ」

＝「I（子ども）am not OK. You（周囲の人たち）are not OK.」

もしも、親から常にこういう態度を取られていたら、がんばる気力など湧いてこないでしょう。

お手伝い（使った食器を流しへ運ぶ）で失敗してしまった！

B「I am not OK. You are OK.」（何をやってもダメな子ね、隣のマミちゃんはもっとうまくやっているのに）では、卑屈になってしまう

A「I am OK. You are OK.」（お手伝いしてくれていい子ね、みんな頼りにしているからね）なら、子どもはこんなに強くなれる

D「I am not OK. You are not OK.」（あなたもダメだけど、誰も助けてなんてくれないわよ）は、最悪。自信ややる気が育ちにくくなる

C「I am OK. You are not OK.」（あなたは悪くないのよ、お皿のデザインがいけないの）では、他人や社会にネガティブな感情を抱きがちになる

こんな言葉が、子どもの自己肯定感を低くします

「I am OK. You are OK.」の態度というのは、ただ単に、子どもを「否定するな、褒めろ」ということではありません。

もちろん、否定する言葉ばかりの子育てが、いい結果を招かないことは言うまでもないことですが、ただ表面的に褒め言葉を並べても、子どもは必ずしも「I am OK.」とはならないのです。

親の役割として大きなもののひとつに、子どもを自立させるということがあります。

子どもが将来、就職できるかどうかは、自立に関わってくるとても重要な問題です。ところが今、就活の際、大きな壁にぶち当たる若者は少なくありません。そんな彼らの多くが、就活のとき、苦手と感じているのが、コミュニケーションです。

「人と関わる仕事はしたくない」と堂々と発言する学生もいます。

営業や接客などの職種はもちろんですが、どんな仕事でも人と関わらないというわけにはいきません。今まで、どうやって生きてきたのかな？ と不安になります。

じっくりお話を聞いていくと、すでに中学生のころから、友達といえるような存在がいなかったようなのです。

コミュニケーションというより、人間関係を上手く築いていく自信がないようなのです。

本人の性格と言ってしまえば、それも間違いではないのですが、その性格を形作っていく大きな要因として、親の「I am not OK. You are OK.」や「I am OK. You are not OK.」などの態度があるのではないでしょうか。

親は、わが子が無事に社会の一員となれるようにと、切実に願っていることでしょう。

だからこそ、ある程度の学歴が身につくよう教育熱心になったり、常識外れにならないようにとしつけをしていることと思います。

しかしその中で、もし社会に受け入れられなかったらどうしよう、社会に出る前に失敗をしてくじけてしまったらどうしよう、という心配が起こってきます。

その心配がそのまま、親から子どもへの言動となって表われてくることがあります。

「そんなこともできないの？」

「そんなことだと、皆に受け入れてもらえないわよ」

「失敗をしたら、どうするの？　余計なことはしなくていいわよ」

こうした否定的な言動は、自己肯定感を高める「I am OK. You are OK.」からはほど遠いものです。

「褒めて育てる」の意外な問題点

では、「褒めて育てろ！」という言葉があるように、なんでもかんでも褒めれば「I am OK. You are OK.」になるのかといえば、そうでもありません。褒めてばかりだと、これもまたいろいろと問題が起こってくるのです。

「○○ができてえらいね！」「すごい、すごい！」という、褒める表現は、評価を与えるということにつながります。

時代劇でよく「褒めてつかわす」というセリフが出てきますが、あの言葉のニュアンスのように、褒められるというのは、基本的に何か手柄を立てた代償として評価を受けることです。ご褒美なのです。

ご褒美は、誰でもうれしいものです。

そうすると、褒められるという代償がほしいから、その行動をするということになりかねません。

つまり、褒められなければ、やらないということにもなります。

「誰も見ていないのなら、やる意味がない」

「せっかくやったのに、誰にも褒められないなんて、がっかりだ」

という気持ちを引き起こしてしまいます。

これは、人間関係を築いていくときに、障害になる可能性があります。

人が見ていないからといって、手を抜いてしまっては、信頼関係を築くことはできません。

評価されないからといって、卑屈になってしまうと、相手も自分もストレスを感じることになります。


また、些細なことで褒められたり、しょっちゅう褒められたりしていると、自分は、そんなに期待されていないのではないか、という考えが湧いてきます。

他の人たちが当たり前にやっていることなのに、わざわざ褒められる自分はたいしたことないのだ、と受け取ってしまいかねないのです。

結果的にこれも自己イメージを低くしてしまいます。

「うちの子は大丈夫！」と思えば、子どもはそうなろうとします

否定的な表現もダメ！

褒めてばかりもダメ！

では、どうすればいいの⁉

どうすれば、「I am OK. You are OK.」の態度になるの⁉

ということになります。

それは、ひとことで言うと、楽観的なイメージを持って、プロセスを大事に見守っていくということです。つまり、子どもを尊重するということにつながるわけです。

性格を英語でいうと、パーソナリティです。これは、ギリシャ語のペルソナ（仮面）が語源といわれています。

私たちは、もともと持って生まれたその人らしさだけでなく、周囲の状況に合わせていくために、仮面をつけて生きていきます。そして、それがあたかもその人独自の性格のように表現されていくのです。

学校の先生は先生らしく、売り場の店員は店員らしく、お母さんはお母さんらしく……といった具合です。皆、自然に、自分が置かれた環境に見合うような言動をしてしまうものです。

それには、「周囲が期待しているようにふるまいたい」という気持ちが働いています。

人間は、集団で生活する生き物なので、相手に警戒心を抱かれることなく、お互い安心して、その場に存在したいと考えるのです。

子どもが、誰の期待に応えたいかというと、それは親です。


親が「うちの子は本当にダメ！」と思えば、「ダメな子」になろうとします。

反対に、

「うちの子は幸せな子！」

「この子は大丈夫！」

と思っていれば、子どもはそうなろうとします。

だからこそ、「I am OK. You are OK.」が大事なのです。


自分を信用し、大好きだ！　と思える子どもは、他人のことも信用し、好きになることができます。

そして、こんなことができるようになります。

・自分から、明るく人に接することができる
・自分の意見をはっきり伝えることができる
・相手の意見も素直に受け止めることができる
・多少からかわれたりすることがあっても、ジョークとして受け止めることができる
・失敗しても、そこから学ぶことができる
・罵倒されるようなことがあっても、相手の言葉をうのみにして、自分をなくしてしまうようなことがない
・責任感がある
・他人や自分の気持ちがよくわかる
・人の言うことや行動を悪くとることがない
・楽観性を持って生きることができる

このように、自己肯定感が育つのです。

こんな子が人から愛されないわけがありませんし、自分の力で人生を切り開いていけないわけがありません。

日々どのように接することが、自己肯定感を養う子育てになるのか。子どもはお母さんのどんな言葉を欲しがっていて、どんなことを求めているのか。具体的な方法を、次章で紹介していきます。

3章

幼児期・小学生・思春期

子どもの自己肯定感を高める話し方・伝え方

―つい、こんなことを言っていませんか？

お母さんの言葉ひとつで、子どもはどんどん強くなる

くじけない子どもに育てるための原則は、いたってシンプルです。子どもに向ける言葉や行動の中で、自己肯定感を上げていくメッセージを伝える工夫をすればいいのです。

ただ、表面的には、肯定的のように見えても、その奥に否定的なメッセージが含まれていることがあります。

そこでこの章では、日常の中でお母さんがつい言ってしまいがちな話し方が、子どもにどんな影響を与えているか、また、どう変えれば子どもの自己肯定感を高める話し方になるのか、そのヒントを紹介していきます。

お母さんが利用しやすいように、「幼児期」「小学生」「思春期」の3つに子どもの年代を分けてみました。

実は、それぞれの年代で、子育てのポイントにしていただきたいものがあるの

です。それは、お母さんが、悩んだり迷ったりしたときに立ち返る、目印といってもいいでしょう。

○幼児期

この時期は、子どもに「生きていて楽しい！」という気持ちを植えつける時期です。実際、子育てをしていると、「子どもは元気が一番！」と思っているのに、つい心配であれこれ口を出してしまったり、指示したりしてしまいます。幼稚園までのこの時期こそ、どんどん新しい経験をさせてあげてください。

○小学生

子どもが小学校に上がると、親もほっとひと安心です。でも、学校という社会へ一歩踏み出すと、それまでとは異なる種類の問題を感じることも少なくありません。勉強、友達との関係、社会性の有無などです。この時期は、そうした問題が現われても、すぐに結果を出そうと焦らないことが大事です。

○思春期

中学生、高校生までの、子どもの将来に関わってくるこの時期に大切なのは、子どもの自我を尊重し、育てることです。「難しい時期」などとよく言われますが、それも親の接し方しだいなのです。

これら3つの年代は、互いに関連し合っています。もしも、お子さんが今、小学3年生だとします。じゃあ、もう「幼児期」のことはもう関係ないのか、もう遅いのかといえば、そんなことはないのです。

すでに過ぎてしまった年代のことも、どんどん参考にしてください。また、先の年代のことも取り入れてください。

どの年代にも共通していえるのは、「この子は、本当は何が言いたいのだろう」「どんな気持ちでこれを伝えているのだろう」と、子どもの言葉の真の意味、そして言葉に表現しきれない内面の想いや感情まで受け止めようとする姿勢が大事だということです。

これが、「聴く」ということです。

この「聴く」と「聞く」は違います。

「聞く」というのは、何気なく耳に入ってくる音をきくことです。

「聴く」というのは、注意して耳にとめる、耳を傾けてきく、というときに使われます。

24時間、常に「聴く」ことは難しいかもしれませんが、1日のうち1回は、「聴いている」状態を作ることが大切です。

それによって、会話の中で、子どもの自己肯定感を上げていくことができるのです。

幼児期は『生きていて楽しい!』を植えつける時期です

幼児期編

「お母さんが代わりにやってあげるからね」

子どもが小さいうちは、一人ではできないことや、親から見ると心もとないことがたくさんありますね。たとえば、幼稚園の遠足へ持っていく荷物の準備もそのひとつです。

忘れ物をすると、子どもがかわいそう。そこで、「お母さんが代わりにやってあげようね」となります。

「あなたはいい子で、私の大切な子どもだから、お母さんがやってあげるのよ」。そう言っているのですから、この言葉は、子どもに愛情が伝わる、肯定的なメッセージだと思われるかもしれません。でも、残念ながら、そうではないのです。

お母さんが、「忘れ物をすると、子どもがかわいそう」と感じるのは本当の気持ちでしょう。しかし、心の中に、「失敗してほしくない。傷ついてほしくない」という気持ちがないでしょうか。

お母さん自身は気づいていないことがほとんどなのですが、失敗してしまうわが子を見ると自分がつらいから、このような言葉がつい口から出てしまうことがあります。

ですから、表面的には子どものためのように思える言葉にも関わらず、お母さん自身の中にある「自分がつらい思いをしたくない」という気持ちは、子どもに伝わってしまうのです。結果としてそれは子どもに、「自分は大事に思われていないんだ」という否定的なメッセージとなって届いてしまいます。

こうした言葉をくり返していると、子どもはいつも受け身、指示待ち、依存的になってしまいがちです。「自分には力がないのかな」と思うようになり、自分の意見や判断に自信が持てなくなってしまうのです。

ときには、失敗したり、傷つくこともあるかもしれません。でも、「きっと、この子ならそこから何かを学ぶはず」と、子どもに対して信頼感を持ってあげることが大切です。

そして、できないことではなく、できたことに焦点を当て、子どもの自己肯定感を上げていきましょう。

「やってみてごらん」「きっとうまくいくわ」と声をかけ、「ここまでは一人でできたのね。がんばったね」などと、やったことを認めてあげましょう。

一人でやらなくてはいけないことは、子どもが大きくなるにつれ増えてきます。そのたびに心配していると、お母さん自身も子育てが楽しくなくなってしまいます。

大事なのは、日々の中で、「あなたなら大丈夫」ということを伝えることです。

「一人でやってごらん」という言葉が、子どものやる気を育てます

「ちゃんとしなさい」

「もう、ちゃんとしてよ～」「なんで、ちゃんとできないの！」。日常的に言ってしまいがちな言葉ですよね。

「ちゃんと靴を履《は》きなさいよ」「ちゃんとお箸《はし》を持って」など、しつけの面で使うことが多いかもしれません。

でも、「ちゃんと」って、どういうことでしょう？　実はとても曖昧《あいまい》です。

さらに、「おばあちゃんのお家では、ちゃんとしててね」「ピアノの先生の前では、ちゃんとね」というふうに言ってしまうことも多いと思います。こっちは、もっと曖昧でわかりにくいですね。

「ちゃんと」という言葉には、大人の勝手な都合が含まれています。「ちゃんと」靴を履いてほしいのは、出掛ける前にぐずぐずしていると時間がかかるからでしょうし、おばあちゃんの家で「ちゃんと」していてほしいのは、お行儀が悪いとお母さんが恥ずかしい思いをするからでしょう。

「ちゃんと」というのは、「ピシッとしてて」「キチッとしてて」、ちょっと難しい言い方をすると「意識をきちんと持って対処してね」というように、親の希望を訴えているにすぎないのです。

そうしていてくれたら、親は面倒じゃないし、安心だからです。

この「ちゃんと」をこんなふうに言い変えてみると、伝わり方が大きく変わります。

「ちゃんと靴を履きなさいよ」ではなく、「今日は一人で靴を履いてみようか」。これなら、子どもは何をすればいいのか、わかります。トライしてみようという気持ちになります。

出掛けにバタバタしているときでも、急《せ》かしたり、イライラした態度で接するよりも、「今日、ママ、いつもより早く会社に行かなくちゃいけないの。お支度《したく》を少し急いでもらえるかな?」と言えば、十分に伝わります。

おばあちゃんの家へ行く前には、「ご挨拶《あいさつ》しようね」と具体的に示します。

そして、言ったことができたときは、「一人で靴履けたね」「ご挨拶できたね」と、子どもの行動を認めてあげればいいのです。

「ちゃんと」というのは、具体的にどうすればいいのかがわからない言い方なのです。大人でもわかりませんし、いつでもちゃんとしているなんて、実現不可能です。

それを言われ続けると、子どもは、つねに自分は何かができていない、何か間違っているんだという、不全感を感じ続けることになります。

おそろしいことに、これは呪縛《じゅばく》のようになって、子どもに否定感ばかり植えつけていきます。

以前、こんなクライアントがいました。当時20代だった彼は、仕事に対する自信を失っていました。

「自分は仕事をちゃんとこなせない」と悩んでいたのです。

現実には、人並み以上にこなせていることもあるのです。でも、「今回は、これはできたけど、ここがダメだったな」というふうに分析し、前向きに受け止めることができないのです。

一つでもできなかったことがあると、「ちゃんとできなかった」と落ち込んでしまいます。

そうした彼の自己評価の低さは、お母さんからずっと「ちゃんとしなさい」「どうしてちゃんとできないの！」と言われることが多かったことと、無関係ではないのです。

パーフェクトな人間なんていません。完璧でないと存在する価値などないと思い込み、一生、実現不可能なことを追い求めてしまうような人生を、子どもに送らせたくないものです。

どんな行動をすればいいのか具体的に伝えて、結果を認めてあげましょう

「人に怒られるわよ」

公共の場で、子どもが迷惑な行動をとってしまったり、ルールを守らなかったりすることがあります。

たとえば、新幹線の車内で落ち着きなくごそごそ動いて、前の座席に何度も足がぶつかるとか、レストランで食事中、大きな声で騒いでしまうという状況です。

そんなとき、親は慌てて注意しますね。すぐにやめさせたくて、「ほら、前の人に怒られるわよ」「他のお客さんがにらんでるよ」「お店の人が怒りに来るよ」などと、言ってしまうのです。

私自身も、こうしたシチュエーションは、もちろん経験があります。

今になるとわかるのですが、そんなとき心のどこかに、まわりの人に対して「ダメな母親だと思わないでくださいね」という気持ちが生じます。だから、「こうしてきちんとしつけをしていますよ」と、周囲にアピールしたくなるのです。

つまり、子どものしつけを考えているようで、実はそれはうわべのもの。本当は、「私はダメ母ではないのよ」とアピールしたい気持ちのほうが強かったから、「人に怒られるわよ」という、無責任な言い方になってしまったのだと思います。

その場で注意することは、とても大事です。しかし、「人に怒られるわよ」という言い方は、それを聞いた周囲の人もいい感じは受けませんね。

そして、何よりこう言われた子ども自身が、人の目を気にするようになってしまいます。「人にどう評価されるかが大事なんだ」という考え方を生みます。

そうなると、「人に評価されないことは、やっても価値がない」、そして、「他人や社会のためではなく、自分が評価されるための行為しかやりたくない」という、視野の狭い人間をつくってしまいます。

さらに、「人が見ていなければ、やってもいいんだ」という、考えにも至ってしまうのです。お母さんが子どもに伝えたいのは、そういうことではないはずです。

そこで、公共の場での言動を注意するときは、次のようにしてみてください。

新幹線やレストランでごそごそしたり騒いだりしたら、「静かにできないから、外に出ようね」と、デッキや店外に行きます。

公園などでルールを守れなかったときも同じように、「ここは、皆で仲良く使う場所だから、まだそれができないのなら、帰ろうね」「できるようになったら、また来ようね」という具合です。

「新幹線に乗ったらテンションが上がって、ごそごそしそう」「レストランでは、いつも騒ぐからなぁ」と、ある程度予測が立っている場合は、前もって「静かにできないときは、外に出ようね」と、約束しておくのもひとつの方法です。

いずれの場合も、「こらっ！」と叱り口調で激するのではなく、冷静に。そのためのポイントは、「うちの子なら、きっとできるはず」と、お母さん自身が心の中で、わが子を信じてあげることです。


公共の場こそ、「子どものために言っている?」をチェックしてください

「そんなことするのは悪い子よ」

子どもがおもちゃを乱暴に投げたり、いたずらっぽく叩いてきたとき、「そんなことするのは、悪い子よ」と、お母さんがたしなめることがあります。注意を促すつもりで発したこんな言葉が、子どもの心に深い傷を残してしまうとしたら、どうでしょう。

ある40代のビジネスマンが、カウンセリングの中で、こんなことを語ってくれたことがあります。

彼は、幼稚園の頃、友達の家から、おもちゃを持って帰ってしまったのだそうです。お母さん同士も知り合いで仲が良く、前にもおもちゃの貸し借りがあったことから、なんとなくカン違いしてしまったのだそうです。

それを知ったお母さんは、「どうして泥棒したの？　泥棒はおまわりさんに捕まるのよ」と言ったといいます。

お母さんは、子どもに「勝手に持って来ちゃいけないのよ」ということを伝えたかっただけなのでしょう。でも、彼はその言葉にとてもショックを受けました。

私のところへやって来た彼の相談内容は、仕事が長続きしないということでした。なぜか、彼には「こんな自分が社会の役に立つわけがない」という思いがいつもあり、ちょっと壁が現われると、くじけてしまうというのです。

カウンセリングを重ねるうち、そうした彼の弱い心の原因が、「自分は悪い人なんだ」という思い込みにあることがわかってきました。

カウンセリングでこのことにたどりついたとき、彼自身、とても驚いていました。私にそのできごとを話すまで、自分の中に罪悪感のようなものが根づいているとは、考えてもみなかったからでしょう。

もちろん、彼のお母さんも、彼がこの年齢になっても、子どもの頃の罪悪感に苦しめられているとは、想像すらしなかったと思います。

小さな頃に植えつけられた罪悪感は、「自分は罪人なのだから、悪いことをしてしまうのだ」という暗示になってしまいます。

このビジネスマンがカウンセリングの中で、思い当たったのは、このたった一つの例ですが、では、普段は子どもに対し、肯定的に接しているのに、たった一回、罪悪感を植えつけてしまうような言動があったら、その後、子どもを一生苦しめてしまうかというと、そうとは言い切れません。

やはり、普段から、自分を肯定的に思える土壌があると、1回や2回、否定的な言葉を受けたからといって、極端に罪悪感のかたまりになってしまうことは、起こりにくいでしょう。

でも、その土壌がないと、親のたったひと言がグサッと刺さり、大きくなるまで、子どもを苦しめることになります。

だからこそ、日常的に子どもの肯定感が育つよう、工夫することが必要なのです。

そこで、お母さんには、子どもの人格を否定するのではなく、行動の間違いに気づかせる言い方をしてほしいと思います。

たとえば、何かいけないことをしてしまった場合、「何がしたかったの?」と、動機を尋ねます。

カン違いで友達のおもちゃを自宅に持ち帰ってしまった彼の場合には、「このおもちゃが好きだったから、遊びたかった」と答えるでしょう。

そうしたら、「そうなのね」と受け止め、「○○君にお願いして、もしいいよって言ってくれたら、貸してもらおうね」と伝え、「相手の気持ちやものごとの道理を、あなたならわかるはず」という期待を込めて教えましょう。

真剣に子育てに取り組むお母さんほど、子どもが小さいうちに、正しいことを教えなくてはいけない、間違ったことを覚えさせてはいけないと考えます。でも、そこで子ども自身が「自分の人格そのものがよくないんだ」と感じてしまうような伝え方は避けたいものです。

子どもの人格を否定せず、「こうするといいよ」とアドバイスを

「○○が下手ね」

幼稚園で習った歌を聞かせてくれたとき、「音痴ね～!?」と言ってしまったこと、ありませんか？

意気揚々と披露した子どもは、こんなひと言に傷ついてしまいます。

お楽しみ会のダンス、覚えたばかりの折り紙、大好きな動物の絵。子どもは、自分が好きなことを、お母さんにも共有してもらいたくて、「見て、見て！」と言います。もちろん、自慢したい気持ちもあります。

そういう子どもの様子をかわいいと感じながらも、親の心には、「この子、うぬぼれてないかしら」という心配が生まれます。

そして、「この子が図に乗らないよう、小さいうちに現実を指摘しておかなければいけないのでは……」と考え、「あなた音痴ね」「運動神経、鈍いわね」「なんて不器用なのかしら」「何？　その絵。ウサギさんじゃなくて、ブタさんじゃない」などと、言ってしまうのです。

しかし、こうした親の決めつけが原因で、子どもの能力が開発されなかった例はたくさんあります。

「音痴ね」のひと言が原因で、人前で歌わなくなったり、そもそも音楽が嫌いになってしまったり。

やがて、「どんなことでも、上手くないと、やっちゃいけないんだ」という極端な考えにもつながるようになり、それが、消極的な性格を生むこともあります。

また反対に、「絶対、僕のほうが上手い、あいつは下手だ」などと、無意味に人との競争心を抱かせ、空回りさせることにもなるのです。

子どもが、「聞いて、聞いて」と言って歌う歌がどんなに調子はずれでも、ごきげんで歌っているなら、図に乗せておけばいいと思います。なんなら、一緒に楽しく歌ってあげればいいのです。

子どものやることをすべて評価してあげなくてはと、力むことはないのです。お母さんが声をかけるとしたら、「お歌、よく覚えたね」「楽しそうに踊ってたね。お母さんも楽しくなったよ」「かわいいワンちゃんの折り紙ができたね」「おもしろいウサギさん描いたね」と、下手ながら、不器用ながらも、子どもが学びながら最後までやったことを認めてあげましょう。

評価しようとせず、「最後までやれたね」と楽しさを共有しましょう

「ごめんなさいを言えたら許してあげる」

子育てをしていると、お母さん自身が子どもに傷つけられることがあると思います。その代表格が、「お母さんのバカ」「ママなんか、大嫌い」と言われたときではないでしょうか。

「毎日、こんなに一生懸命やっているのに……」と、悲しくなってしまいますよね。そして、傷つくと同時に、ムカッときます。

だから、「人を傷つけるようなことを言ってはダメだと、反省させなくちゃ」と考えながらも、ほとんどのお母さんは冷静ではいられないはずです。子どもに反省を促がすためではなく、「この、私の悲しみを、あなたが直しなさい」という気持ちで心が占拠されてしまいます。

そこで、「ごめんなさいが言えたら許してあげる」と口走ってしまうのです。

思わずこう言ってしまうのは、子どもがお母さんを傷つけたときだけにかぎらないでしょう。

やってはダメと約束していたことをやってしまったとき、わざとふざけて、何かいけないことをしてしまったとき。要するに、お母さんの気持ちを逆なでする言動を子どもがとったときです。

社会に出てからも、他の人に迷惑をかけたとき、素直に謝れる子どもに育ってほしいという、親としてのしつけもあるでしょう。でも、「あなたが、ごめんなさいを言いさえすれば、私の気がおさまるのよ」という気持ちで子どもに無理に言わせようとしている以上、子どもは反省することを学べません。

それどころか、こうしたやりとりのパターンを覚えてしまい、大人になったとき、自分が相手に強要するようになります。

たとえば、女の子が大きくなって、自分の彼に「どうして謝ってくれないの」「あなたって、ひどい人ね」と、同じこと言うようになるかもしれません。お母さんが、その行動のお手本になってしまっているわけです。

ですから、「ごめんなさい」を言わせようとするのではなく、「○○ちゃんが、そう言って（そんなことをして）、ママ、悲しかったよ」など、自分のしたことがどういうことなのか、子どもが振り返ることができるように話しましょう。
こういう言い方なら、子ども自身の人格には何の問題もないけれど、その行動や結果に間違いがあったね、と伝えることができます。

お母さんの気が済んでも、子どもの成長にはいい影響を及ぼしません

「あなたは、他の子と違って優秀なはずよ」

父親が成功者といわれるような家庭や、社会的な地位のある家庭の子どもが、「パパは偉いんだから、あなたも他の子よりできるはずよ」という言葉をかけられ続けながら、育つことがあります。

「あなたは選ばれた子なのよ」「その幸せを自覚しなさい」「それなりの結果を出さなくちゃダメなのよ」。

そういう親の期待を、子どもは2、3歳の頃から、すでに感じ取っています。

その期待に応えようと、子どもはがんばるでしょう。でも、できて当たり前という過剰な期待をかけられると、できないところを親に見せられなくなります。幼稚園のお楽しみ会で主役に選ばれなかった、というようなことですら、子どもの自信を大きく奪ってしまいます。

また、「お父さんはすごいのよ」と、お母さんや周囲の人間がくり返し言うことで、子どもの中で父親の存在が偶像となって膨れ上がっていき、自分が父親よりもことさら劣っていると感じてしまいます。とくに、家業の二代目として生まれた男の子の場合、この傾向が強いように思います。

こうした状況にある子どもは、自分を誇りに思ってがんばりたい気持ちと、失敗したらどうしよう、うまくできなかったら大変だという不安の両方を、小さな頃から常に抱えて生きていくことになるのです。

あるご家庭では、息子さんの100点のテスト以外、お母さんはお父さんに見せなかったそうです。お母さん自身が、お父さんに対して引け目を感じていると、子どものできが悪いのは、自分のせいだと思いこんでしまうケースがままあります。

舅や姑に「ダメな孫だ」と思われては、子どもだけでなく夫もかわいそうと思い、いい結果だけを伝え、悪い結果は隠蔽《いんぺい》してしまうというケースもあります。

このように、子どもの現実を親が見ないフリをしてしまうのは、子どもにとって何ひとついいことはありません。

これは、小さな頃から高下駄を履かされているようなものなのです。子どもは、親が用意した高下駄を履いて、ヨロヨロしながら、見栄を張って歩いていかなければなりません。そういう人生が、どれほどもろく、子どもに苦しみを与えるか、ということです。

「I am OK. You are not OK.」の態度で、「あなたはみんなとは違うのよ」という選民意識を根づかせないことが大事です。

子どもは、親の期待に応えようとがんばっていても、失敗することがありますね。そんなときがとても重要なのです。

苦手なことがあるとき、「そういうのが苦手なんだね」と、まずは子どもの現実を一緒に受け止めてあげましょう。

そして、「お父さんだって、最初から何でもできたわけじゃないんだよ」「お父さんにも、恥ずかしい失敗もあるよ」と、お母さんが話してあげるといいと思います。
親の職業や社会的ポジションに関わらず、等身大の子どもを認めてあげること
が大切なのです。

子どもの苦手なことを、一緒に受け止めてあげましょう

上の子に「お兄(お姉)ちゃんなんだから」、下の子に「機嫌直しなさい」

「自分は兄弟で一番上だったので、我慢ばかりさせられていた。大人になった今
でも、そのときのイヤな気持ちが忘れられない」という人が多くいます。
職場でもプライベートでも、損だと思いながら、気がつくと我慢する立場をと
ってしまい、そのことで悩んでいるのです。
反対に、兄弟で一番下だった人は、「親が何でもハイハイと言って、ご機嫌を
とってくれた」経験が多いようです。

今、まさにカウンセリングを行なっている30代の女性は、自分の同僚が上司から評価されているのを見るだけで、悔しくて、心が乱れ、職場にも関わらず涙がこみ上げ、うるうるしてしまうのだそうです。

大人になった今でも、自分が一番かわいがられたいと感じてしまうのです。「バカみたい」「大人なのに、恥ずかしい」とわかってはいるけれど、悔しい思いや同僚を妬む気持ちが止められず、社会人としてやっていく自信が持てないといいます。

このように、兄弟の上として育った子は、「お兄ちゃんなんだから」「お姉ちゃんでしょう」と言われ続けることで、必要以上に我慢してしまい、奥に怒りをため込みます。不合理、不条理を訴えることができず、常に自分の立場を悲観するようになります。

兄弟の下の子は、「ほら、機嫌を直しなさい」と言って親がかまってくれないと、自分で自分の気持ちを整理することができなくなります。

そんな子どもっぽい自分に自己嫌悪を感じるようになり、自分に期待できなくなっていきます。

兄弟の順番や、性別に関係なく、「良いものは良い」の視点を忘れずに

「お兄（お姉）ちゃんなんだから」「機嫌直しなさい」という言葉は、何気なく言いがちですが、子どもを尊重するという意味では、何ひとついいことはないひと言の代表選手なのです。

普段の生活やしつけの中で、お母さんにはできるだけ、兄弟の順番に関係なく、良いものは良く、悪いことは悪いとする視点を持ってほしいと思います。「男の子なんだから」とか、「女の子でしょう?」というのも同じです。

「そういう言い方はやめよう」と意識するだけで、お母さん自身が変わってくるはずです。

「〝お兄ちゃんなんだから〟、なんて言わなくても、そういえばこの子、妹の面倒をよく見るわ」「ご機嫌を取らなくても、泣くだけ泣いたら、自分から家族の輪に入ってくるようになったわ」と、その子のいいところが見えてくるようになるはずです。

「兄弟ゲンカはやめなさい」

兄弟ゲンカは、当たり前にあることだとは思っていても、激しくなれば、「いい加減にしなさい！」と言いたくなります。

また、上の子どもが弟や妹に手を出すのは、やめさせたいと思うことでしょう。それを見込んで、下の子どもが、親に言いつけにくることもあります。

そこで、つい上の子を叱ってしまう、いつもすぐ叩くほうを叱ってしまう、という方もたくさんいらっしゃるでしょう。ケンカ両成敗で両方を叱ることもあるでしょうし、「原因は何？」「どっちが先に手を出したの？」と、間に入って審判を下す方もおられるでしょうね。

ただ、兄弟ゲンカのほとんどが、親を意識してのものだということをご存じでしょうか？

子どもは、親からの愛情が一番ほしいものです。普段、自分より別の兄弟が愛されていると感じている子や、いつも自分ばかりが叱られると思っている子は、チャンスがあれば兄弟に仕返ししたいと考えるようになります。それが、兄弟ゲンカの潜在的な原因になります。

「兄弟ゲンカはやめなさい」と口をはさむことで、親がケンカに巻き込まれてしまいます。それは、子どもの思うツボ。親をケンカに巻き込み、自分の味方につけ、そうすることで、親からの愛を確認したいと考えているのです。

兄弟ゲンカは、実は親も巻き込んだ三角関係のケンカだということを覚えておいてください。

では、どうすればいいのでしょう。一番の得策は、ケンカに口出ししないことです。「2人だったら、きっと上手に仲直りすると思うよ」と、子どもたちに任せてしまうのです。

親を巻き込むことに成功しなかったとわかった時点で、失速してしまう兄弟ゲンカは少なくありません。下の子が、「お兄ちゃんが意地悪する～」と言いつけに来ても、「2人のケンカだからね、きっと2人で解決できるよ」とあたたかいながらも、関わりを持たない態度を貫くことで、子どもたちは自分の力で解決することを学んでいくのです。

「でもうちは、上も下もわがままで、甘えん坊で……。子どもだけで解決なんて、無理っぽいなぁ」というお母さん。

ケンカを未然に防ぐ方法もあるのです。それは、普段から、一人ひとりに平等に時間を作り、まっすぐ目を見て話をすることです。

完璧に平等に時間を割くというのは、現実的には難しいでしょうが、なるべく偏りがないように愛情を示してあげるのです。

30分でも十分です。そして、その会話の中で、子どもを尊重していることを何気なく伝えていきましょう。「がんばったんだね」「うれしかったんだね」「そのとき、どんな気持ちだった?」など、いろいろな表現が考えられます。

思っていないことを、無理に言う必要はないのですよ。本当に親自身が感じたことを言葉で伝えることで、子どもは親の愛情をしっかり感じることができるようになります。

「2人で解決できるよ」と任せ、親が巻き込まれない態度を貫きましょう

「ママの言う通りにしなさい」

子育て中のお母さんは、たいてい、「子どもが言うことを聞いてくれない！」という悩みを抱えていますね。

自分のしてほしくないことをする、何度注意しても上の空。たとえば、幼稚園から帰って、友達の家に遊びに行くとき、わざわざ着古したキャラクター物のTシャツを着たがったりします。お母さんとしては、そんなボロボロの服を着せたくないですね。

ついイラッとして、「ママの言う通りにしなさい！」と、叱りつけるような口調になってしまいます。

「だって、みっともないし」というお母さんの気持ちもわかります。でも、安っぽい服だから恥ずかしいという理由なら、子どもの言う通りの服を着せたほうがいいと思います。

「これを着たい」という子どもの気持ちを、尊重してあげるのです。

「ダメよ、こっちにしなさい」と、日常の細かなことでお母さんの言う通りにさせようとするのは、「あなたの考えることになんて価値がない」というメッセージになります。

そのメッセージを受け続けると、「創意工夫など、意味のあることではない」「自分は何も考えないほうがよいのだ」と思うようになり、自主性に欠けた子どもになってしまうのです。

「たかが服くらいで」と、あなどってはいけないのです。

親には、「経験豊富な大人の私が選んだもののほうが、この子のためになる」という思いがあります。

だからこそ、図書館で1冊の本を選ぶときでさえ、子どものために真剣に探すわけです。子どもが選んだ電車の本を見て、「また電車？　そんなくだらないものばかりじゃなくて、こういうのも読みなさい」と、子どもの興味よりも図鑑や偉人の伝記など将来に役立ちそうなものをすすめてしまいます。

でも、キャラクターのついたTシャツも電車の本も、お母さんには価値がなくても、子どもにはとても魅力のあるものなのです。

「この服、お気に入りだね」「どこが好きなの？」「その電車の本、何が書いてあった？」と、問いかけることで、「あなたの考えを認めていますよ」というメッセージを伝えましょう。

また、まだできないことを子どもが自分でやりたがったり、わざわざおかしな方法でやろうとすることがあります。こういうときも、失敗するのは目に見えているからと、やめさせるのではなく、「やってみなよ！」「面白い考えね」「（結果はどうであれ）よく工夫したわね」という言葉をかけてあげましょう。

こうして受け入れられて育った子どもの中では、自己肯定感がぐんぐん養われていきます。何でもかんでも「ママの言う通りにしなさい」と、否定的なメッセージを受け続けた子との違いは、それはそれは大きなものになります。

子ども自身に選ばせることで、創意工夫の芽が育ちます

小学生時代は結果を出そうと焦らず見守る時期です

「そんなこともできないの？」

小学生の子どもを持つお母さんの一番の心配ごとは、わが子が学校の課題をきちんとこなせているかどうかでしょう。

勉強面だけでなく、絵や習字など学校で貼り出され、評価対象になるものも増えます。笛などの楽器、跳び箱、縄跳びなどの運動では、順位がつけられる機会も多々あります。

お母さんが期待していた通りの結果が得られないとき、つい言ってしまうのが、「そんなこともできないの？」という言葉ではないでしょうか。

ある女子大生は、小学校低学年の頃、「お母さんは運動神経がよかったから、二重跳びなんて何回もできたわよ。あなたは、そんなこともできないの？」と言われたことに、深く傷ついたといいます。

それからも、何かにつけて「自分はお母さんの子なのに、お母さんのようにできないダメな子だ」と考えるようになってしまったのだそうです。

中学生、高校生と成長する中でも、お母さんに「そんなこともできないの？」と言われるのがこわくて、いろんなことに挑戦する気持ちが持てなくなったといいます。

学校へ上がった子どもたちは、人生でほぼ初めて、能力を比較される経験をします。幼稚園までは、漠然としかわからなかった自分の能力が、明るみに出るのです。だから、子どもだって、いい結果を得られるようにがんばります。

そこでお母さんに「そんなこともできないの？」と言われると、子どもは「自分は人よりも劣っているんだ」と思ってしまいます。この言葉が子どもの心にグサッと刺さってしまうのは、自分の能力を否定されたように感じるからなのです。

とくに「勉強で落ちこぼれてほしくない」という思いを強く持っているお母さんの「そんなこともできないの？」という言葉は、子どもの自信を奪ってしまいます。

でも、小学校の間の勉強なんて、本人がやる気になれば、あっという間に身につくものだと思いませんか？　低学年時代は少々成績がふるわなくても、高学年になって好きな科目がはっきりしたとたん、急に成績全体がアップしたという子はたくさんいます。

小学生の間は、「勉強させなければ！」と子どもを追いつめることはないと思うのです。さまざまな課題が一回でこなせなくても、なかなか覚えられないことがあっても、「いつかできるようになるわ」と思っていればいいのです。

お母さんには、すぐに結果を出そうと焦らない態度でいてほしいと思います。

小学生の間こそ、子どもをのびのび育てていきましょう。生きる力と向上心が奪われ、「自分は無能だ」と思うことのほうが、勉強で落ちこぼれるよりもこわいことです。

子どもの現実を、「努力しているね」「楽しそうにやってるね」と、そのまま受け入れてあげましょう。学校生活は小学生にとって楽しいだけでなく、緊張やストレスを生む場所でもあります。そんな中で精一杯がんばっていることを、まず、お母さんが認めてあげてください。

すぐに結果を出そうと焦らず、「がんばってるね」と見守りましょう

「あなたのためを思って言っているのよ」

子どもをやる気にさせようとして、「あなたのためを思って言っているのよ」と声をかけることがあります。

宿題や提出物をきちんと出すこと、時間割を揃えること、お稽古事をさぼらずにやること、一人でゲームばかりしていないで友達と外で遊ぶこと。

当然ながら、どれも子どものためですね。でも、「わが子のため」のつもりの親の言葉や態度が、子どものプレッシャーになっていることがあります。

やりたくないことをやりなさいと言われると、人間の脳は緊急状態に入ります。「うわ、大変だ」「どうしよう、どうしよう」と、慌てるわけです。

こういうときの脳は、平和な状態とはいえません。豊かなイメージを抱いている場合ではなくなってしまうのです。具体的には、感情、感覚を司っている右脳の働きがダウンしてしまいます。

右脳の働きが鈍くなってしまうと、いくら「あなたのためよ」「やりなさい」と言っても、やろうという気持ちも、どういうふうにやろうかと創造する力も湧いてこなくなります。

とくに、勉強の苦手な子や、さまざまな課題で問題を抱えている子に、心理的な重圧をかけたら、脳の可動領域がよけい狭くなります。ガチガチに縮こまった脳で、わが子を生活させたくないですよね。

子どもが、宿題や提出物をサボッていても、ここはひとつ腹をくくってみてはどうでしょう。心配でしょうがなくても、「あなたがしたいようにすればいいんじゃない？」

「あなたが一番いいと思うことを選びなさい」と、子どもにゲタを預けてしまうのです。

これは、子育てを放棄することとは違います。子どもをちょっと離れて見守るために、お母さんが自分で、自分自身に魔法をかけるつもりで、そう言ってみてください。

そうすると、子どもはプレッシャーから解放され、ラクになります。脳も柔軟になり、可動領域も広がります。何より、少々のことでくじけなくなります。

そういうわが子を見ていると、「この子が本気になったとき、絶対に大丈夫！」とお母さん自身が信じられるようになります。そう信じているお母さんの「あなたならできると思うよ！」というひと言は、きっと子どもの心に届きます。

「あなたならできるよ！」と励まし、プレッシャーを取り去ってあげましょう

「勉強しなさい」

「何も言わなくても、子どもが毎日自分から机に向かってくれたら、どれほど安心できることか！」。そういう思いから、「勉強しなさい」が口グセのお母さんも多いのではないでしょうか。

知識を学ぶのは大事です。でもそれは、考える能力を鍛えるのとは、ちょっと違いますね。子どもにとって将来役立つのは、生きていくための知恵や、工夫で

きる力です。それは、ただ学校の宿題をこなしていれば身につくものではないでしょう。

そもそも「学校の勉強をやっていれば、とにかく安心」というのは、結果主義、成果主義の考えです。その結果や成果って、誰が決めたものでしょう。

3年生ではこれを習って、4年生ではここまで進んでというふうに、小学生の勉強にはカリキュラムがありますが、それを必ずその学年で消化できていなければ、将来が危ぶまれるということは、まったくないはずです。

あとで伸びる子だっていますし、自分の得意を伸ばし、それが将来の仕事につながった例もたくさんあります。

小学生の間に大事なのは、子どもの好奇心を高めてあげることに尽きると思います。

わが家の娘は小学生の頃、ドラマや映画で活躍する子役が大好きで、彼らが出ているＤＶＤを何度も観ては、セリフを全部覚えようとしていました。

そのうちに海外の映画にも興味を持つようになり、ハリウッドで活躍する子役のＤＶＤも一生懸命聴きとっては、覚えようとしていました。

当然、英語はまったくわからないのです。そこで彼女はどうしたかというと、英語の音を「アイ　キャント……」と、カタカナで小さな手帳に書いて覚えていたのです。

私がキッチンにいると、リビングから「オ〜、ノゥ〜!」「リアリィ?」という娘の声が聞こえてくるのはしょっちゅう。

「またやってるわ……」と、当時はほとんどあきれ気味でしたが、本人がとても楽しそうだったので放っておきました。

そういう経験がもとになったのか、知らず知らずに、語学に興味を抱くようになったようです。大学生になった今、アメリカへ語学留学したり、アフリカでスワヒリ語を学んだりしています。

「勉強しなさい」は、「勉強しないと、あなたはバカになるよ」というメッセージになってしまいます。それよりも、好奇心を高める言葉をかけてあげたほうが、よっぽどいいのです。

「動物に詳しいよね」「地図を見るのが得意だよね」「へえ、そんなことに関心持っていたの」というふうに、子どもが関心を持っているものに、親も関心を見せてあげましょう。

「もっと聞かせて」「もっと教えて」という態度で接すれば、子どもはどんどん自慢したがるでしょう。それを、聞いてあげればいいのです。

こういう親の態度が、長い目で見ると、子どもの向上心を育てます。詰め込み勉強で頭でっかちになってしまう子にはない、強さと柔軟性が養われていきます。

子どもが好きなことに親が関心を示せば、知的好奇心がぐんぐん養われます

「皆に嫌われるわよ」

友達に対して、「あの子は、家に呼ばない」「おまえとはもう遊ばないぞ」などと、〝えばりん坊〟な態度を、子どもがとったとします。

「やだ、ジャイアンみたいじゃない！」と、お母さんはびっくりし、ショックを受けてしまいますね。

このまま放っておいてはいけないと感じ、つい「皆に嫌われるわよ」と、子どもをいさめたくなります。

子どもに、協調性が見られないようなときもそうです。たとえば、班ごとに協力し合って壁新聞を作るとき、分担分をやろうとしないわが子を見ると、「協調性がなさすぎるのでは?」と不安が募ります。

そこで、「協力しないと、ダメじゃない。皆に嫌われちゃうよ」という言い方をしてしまいがちです。

でも、こんなふうに言われて、子どもはどんな気持ちになるでしょう。

「いいもん、嫌われても」と、投げやりになるかもしれません。

「どうせ嫌われてるもん」と、すねてしまうかもしれません。

「だって、あいつが○○したからだよぉ〜」と、嘘や言い訳でごまかそうとするかもしれません。

実は、子ども自身が、友達にやさしく対応できないことや、壁新聞作りに積極的に参加できないことで、心を痛めていることがあります。わかってはいるけどジャイアンみたいな態度を取ってしまうし、仲間の輪にすんなり入っていく方法がわからないのです。

子どもにとってほしくない行動を変えさせたいなら、「嫌われるよ」と脅《おど》すような言い方ではなく、こんなふうに言ってみてください。

「最近、お友達があまり家に来なくなってない？」「○○くんの話、あまり聞かないね」と、現状に気づかせてあげるのです。

すると、「僕が、命令ばっかしたからだ」とか、「壁新聞に協力しなかったから、最近、一緒に遊んでないんだ」というふうな、率直な答えが返ってくるかもしれません。

そうしたら、それをそのまま「つらかったね」「大変だったね」と、受け止めてあげればいいのです。

お母さんとのこんなやりとりが、自分の言動を振り返るきっかけになり、友達への声のかけ方を考えるようになり、自分から仲間の輪に入っていく工夫をするようになるでしょう。

「皆に嫌われるわよ」という言葉は、子どもの自信を奪うだけでなく、「みんなから嫌われてしまうんじゃないかしら」というお母さんの不安を、子どもに伝染させてしまうことも覚えておいてください。

無理やり反省させるのではなく、言動の振り返りができるよう導きましょう

「泣かないの！」

子どもが泣いているのを見るのは、つらいものです。できれば早く泣きやんで、元気な笑顔を見せてほしいと思います。

悲しみ、悔しさなど、ネガティブな感情に浸っていると、弱気でくじけやすい子どもになってしまうのではないかと考えてしまいますね。早く抜け出させてあげたほうがいいという思いもあり、「もう泣かないの」と言いたくなります。

でも、それはむしろ逆効果。ネガティブな感情にも、きちっと向き合えることのほうが、心の強い子にするためには大事なのです。

何も言わず、そっと見守るだけでいいのです。もし、子どもが、泣きながら「○

○ちゃんとケンカした……」と伝えてきたら、「そう、悲しいね」と気持ちをくみ取ってあげましょう。

お母さんがそう対応することで、ネガティブな感情でも、口に出していいのだということが伝わります。

心理学では、感情の中に良い感情と悪い感情の区別はない、ということになっています。どんな感情でも、同様に大切な気持ちです。

だから、「あなたがどんな気持ちを抱いているか、そのことに関心があるのよ」という姿勢を示すことは必要です。それが、子どもが抱いている感情をそのまま受け止め、子どもを尊重することにつながります。

子ども自身が「自分はどんな気持ちでいるか」ということに気づけることは、とても重要なのです。

自分の感情を豊かに表現できる子どもは、人気者になりやすいといわれています。何を考えているか、どう感じているかを相手に対して表現できるので、理解してもらいやすくなるのです。

「友達が少なくて、心配」「人前でいつも縮こまってて、ちゃんと社会に出て働ける大人に育つのかしら」と感じているお母さんは、この「もう泣かないの」をやめてみることから始めてみましょう。

さらに、自分がどんな気持ちかを探り、言語化するというのは、言語を司る左脳と、感情やイメージをつかむ働きをする右脳のつながりをよくします。結果的に、子どもの能力を引き出す効果もあるのです。

たとえば、学校で先生が算数の応用問題を読み上げたとします。それを左脳で言語的に理解しながら、右脳で図形をイメージできるようになります。

ときどき、あまり勉強している様子がないのに、成績のいい子がいますよね。そういう子は、左脳と右脳のつながりがよく、1を聞いて100を知るということができるのです。

子どもの気持ちを尊重することで、自己肯定感が高く、頭の良い子どもにする、一石二鳥の子育てができるのです。

ネガティブな感情を表出させてあげることが、子どもを肯定することになります

「あなたが謝りなさい」

仲良くゲームをしていた友達が、急にプイッと怒って帰ってしまった。そんなとき、「何があったの？」という問いに対する答えが曖昧だと、こういうことはきちんと教えなければと思い、「あなたのほうから謝りなさい」と言うことがあります。

たしかに、人間関係でトラブルが起こったとき、「まず、謝る」という対処の仕方を覚えていたら、大人になっても役立ちそうです。

でも大人がそういう態度をとるのは、「とにかく頭を下げて、やり過ごそう」とか、「はいはい、どうせ、こっちが悪いのよね」と考えるときです。

「あなたが謝りなさい」という言葉は、一見すると、子どもの責任感や正義感を育てるように思えますが、実はその反対なのです。人に対してへりくだりがちな人間を、育ててしまうといえます。

子どもが友達関係でトラブルを抱えたとき、たいして理由も聞かずに、「あなたが謝りなさい」と言うのは、「あなたが迷惑をかけたに違いないのだから、あなたがご機嫌をとりなさい」「人のやさしさなんて期待しちゃダメなのよ」というメッセージになって伝わります。

これは悪いことに、「等身大の自分でいたら、人とうまく関われないんだ」という考えを招きます。こういう気持ちでいたら、人間、卑屈《ひくつ》になってしまいますし、人を信用できなくなってしまいますね。

さらに、「お母さんは、僕に期待してないんだ」というメッセージも加味されます。

就活がうまくいかないと悩む大学生や、営業職が苦痛と嘆く若いビジネスマンの多くは、表面的なコミュニケーションスキルをがんばって身につけても、それが必要となる場面でなかなか発揮できません。

それは、心のどこかに、「このままの自分を人は受け入れてくれない」という思いが、こびりついているからだと感じます。

子どもが友達との関係で悩んでいるようなら、解決の直接的な手助けをするのではなく、子どもが自分で考え、行動できるように導いてあげてください。「あなたの気持ちが伝わるといいね」と、励ましてあげましょう。また、ケンカした友達のことを「○○ちゃんって、いい子よね。お母さん、好きだよ」と、認めてみましょう。

こういうお母さんのひと言で、子どもの中に、人を信用する気持ちが生まれ、自分の気持ちを伝えてみようという意志も芽生えます。コミュニケーション能力が養われ、人間関係のちょっとしたトラブルも、自力で乗り越えられるようになります。

子どもが自分で対応を考えてこそ、対人関係力や責任感が育ちます

「最近、学校でどう?」

毎日、明るく元気に、子どもが学校でのできごとを話してくれたら、お母さんはうれしいものです。そして、そんなふうに話してくれて当たり前だと、思っています。だから、子どもが何も話してくれないと不安で仕方なく、つい「最近、学校でどう？」と、聞いてしまいます。

そこで返ってくる言葉が、「別に……」「フッー」だと、張り合いがないですね。「何か変わったことないの？」「今日は何をしたの？」と、たたみかけてしまうこと、多いと思います。

自分から学校のことを積極的に話さない子の場合、お母さんが聞けば聞くほど黙ってしまいます。その理由は、実はとても簡単。「お母さんは、僕が話しても楽しそうに聞いてくれない」「お母さんが喜んでくれることを、私は話せない」と感じているのです。

たとえば、子どもが、「今日はクラスで運動会のこと話し合ったんだよ」と、話してくれたとします。「へぇ、どんなこと話し合ったの？」と質問して、話題を引き出してあげるのはいいことです。でもその先、次のような会話になっていませんか？

「リレーの選手を決めたの」「立候補したの？」「しないよ」「なんで？　あなた、

足速いんだから、立候補すればいいじゃん。なんで手を挙げなかったのよ～」。

もしかしたら、子どもは、「運動会がすごく楽しみになってきた」ことを話したかっただけなのかもしれません。本当は、運動会のことよりも、「話し合いのとき○○君が言ったオヤジギャグが、ゆうべお父さんが言ったのと同じだったんだよ」と言って、お母さんを笑わせたかったのかもしれません。

それなのに、話題は「リレーの選手に立候補しなかったことについて」にすり変わってしまいました。おまけに、お母さんをがっかりさせてしまったことに、子どもは心を痛めます。そして、自分から学校のことを話すのが、イヤになっていくのです。

子どもが学校のことを何も話さないのは、学校が楽しくないとか、いじめられているという理由からではなく、単純に「お母さんに話したくない」と思っている可能性があることを覚えておいてください。

子どもとのコミュニケーションが十分でないと感じているお母さんほど、話の取っ掛かりが少しでも見えると、その話題に飛びついてしまいます。

でも、そういうお母さんの態度が、「お母さんの希望に、自分は叶っていない」

という自己否定感を植えつけてしまうこともあるのです。

「最近、学校でどう？」と、無理に何か聞き出したり、質問攻めにするのではなく、子どもが今何を考えているか、何に興味を持っているかを、よく聴き、そばで感じ取ってあげてください。

子どもがご飯を食べているときも、テレビを見ているときも、子どもが興味を示したことにきちんと反応を返すのです。そうしたお母さんの態度が、子どもを肯定することにつながり、「人は私の話を楽しんで聞いてくれるだろう」という自信につながっていきます。

「お母さんに話したい」と思わせる肯定的な態度は、「聴く」ことです

「○○ちゃんを見てごらんなさい」

よく、「○○ちゃんを見てごらんなさい」という言い方をすることがあります。

こういう言葉なら、直接的に子どもを叱りつけている感じがしませんし、わが子を奮起させられるイメージがあるからでしょう。

でも、お母さん自身が子どもの頃、自分が何か失敗したり、親の機嫌を損ねることをしたとき、「○○ちゃんを見てごらんなさい」と、近所のお姉ちゃんや友達と比較されて、イヤな気持ちになったことはありませんか。

そして同時に、お母さんの自分への関心が低いのではないかと思い、悲しさを感じなかったでしょうか。

こういう言葉をかけられていると、子どもは、「自分はヒーロー、あるいはヒロインではない役割を持ってしまったのだ」と感じてしまいます。

自分のお母さんが、よその子を褒めているのは、子どもにとってとてもつらいこと。これはまさに、「I am not OK. You are OK.」の状況です。

子どもは、お母さんがそういう態度で接するのだから、自分はその役割でいるべきなのだろうと考えます。

つまり、自分はヒーローになるのは無理なのだから、誰かの脇役でいようと決心してしまいます。

自分は役に立たない人間だ、誰からも注目されないだろう、大活躍などできるはずがない。

子どもの心は、自己否定感でいっぱいになります。やがてそういう気持ちのまま、社会に出たとき、仕事の中心となって活躍しようなどとは思えず、さらに自分の判断に自信が持てないため、受け身の行動を取るようになってしまいます。自主的に行動しないということで、上司や先輩から叱責されることも多く、より自己否定感を増していくという悪循環に陥ってしまいます。

それほど、子どもにとってお母さんの愛情表現というのは、大きな意味を持つのです。もちろん、兄弟間の比較も、百害あって一利なしです。

こういう言葉をNGワードとして覚えておくことも大事ですが、自然に言わなくなる方法があります。それは、今まで何度も出てきた、日々の、子どものいいところ探しです。

いいところ探しの子育てをしていると、「○○ちゃんを見てごらんなさい」という言葉は自然と出てきません。

「へぇ、こんなことができるようになったんだ！」「さすがだね！」と、子どもを認める言葉ばかり、次々と出てくるようになります。

わが子と誰かを比較しそうになったら、わが子のいいところをあらためて探してみましょう。

そして、それを言葉にすることで、愛情を伝えてあげてください。

日々のいいところ探しで、「ママのヒーローはあなたよ」が伝わります

「あの子と遊んじゃダメよ」

子どもにとって友達との遊びは、大切な学びになります。一緒に知恵を出し合って遊ぶ中で、コミュニケーション力が育ち、社会性が養われていきます。

だからこそ、お母さんにとって、わが子がどういう子と遊んでいるのかは大問題です。子どもの交友関係が気になる方は、多いでしょう。

子ども同士はとても仲良しでも、周囲からあまりよくない評判を聞いたり、家

に遊びに来たときの態度が気になると、「あの子と遊んじゃダメよ」と言って、つきあうのをやめさせたくなります。

お母さんのそういう言葉に、子どもは表面的には友達をかばうことがほとんどだと思います。

「〇〇ちゃんは、すごくやさしい子だよ」「一緒にいると、すごくおもしろいよ」と、自分なりの言い方で、友達の良さを伝えようとするでしょう。

でも、小学生の子どもにとって、親の影響力はとても大きなものです。ふとしたことで、「お母さんが良くないって言うんだから、やっぱりいい子じゃないのかな」という思いを抱くようになります。

これが、「自分は気づかないけど、悪い人間はいるものなのだ」という考えを芽生えさせ、周囲に対して「You are not OK.」のネガティブな考えを抱かせるようになります。

子どもを信じることは、とても大事です。

「うちの子は、その子のいいところをわかってあげられるんだ」と、お母さんが信じてあげましょう。

そして、それを「あなたは、友達のいいところを見つけるのがうまいね！」と子どもに伝えるのです。

そうすると、もしもその友達が悪い遊びに誘ったとしても、子どもはきっぱりと断わるでしょう。親の信頼を裏切りたくないからです。そして、友達にも「そういう遊びはやめようよ」と、自分から言えるでしょう。

むしろ、お母さんに「あの子と遊んじゃダメよ」と言われ、その後も陰《かげ》で遊んでいるほうがこわいのです。

そこで悪い遊びに誘われると、「やっぱりお母さんの言う通り、悪い子だったんだ。隠れて遊んでいる自分も、悪い子なんだ」という思考回路に陥ります。

そして、「自分は悪い子なんだ」という暗示にかかってしまいます。

お母さんがいくら目をこらしていても、子どもと友達との関係を全部把握《はあく》することも、最後まで見ることもできません。

ギリギリのところで子どもがどう判断するかは、親が自分にどういう期待をかけてくれているのかを、子ども自身が実感しているかいないかによるところが大きいのです。

小学生編

気になる友達関係があるときは、「○○ちゃんは、あの子のどこが好き?」と聞けばいいのです。

それで十分、子どもの心にお母さんの言いたいことは伝わります。

友達のいいところを知っているわが子を、信じ抜きましょう

「我慢しなさい」

もしもわが子が、「担任の○○先生、不公平なんだよ!」と言ったら?

つい、「我慢しなさい」と子どもに言うお母さんも多いのではないでしょうか。

「そうじ当番をさぼった子はたくさんいるのに、あの先生、僕だけ怒った。ずるいよ」と、子どもが訴えたとします。それに対し、「よくあることよ、我慢しなさい」と言うのは、「どんな不条理なことでも受け入れなさい」というメッセージになります。

「あなたが、普段からちゃんとしてないからよ」と、正面から取り合わないのも同じです。

どちらにしても、子どもは納得できない気持ちを抱え、日々を過ごすことになります。

じゃあ、どうすればいいのでしょう？ 「そう、ひどい先生ね」と、一緒になって悪口を言う必要はありません。

かといって、「先生の悪口なんて、言うもんじゃありません」と注意するのも違います。

ましてや、「お母さんが先生に言ってあげようか」と、お母さんが解決に乗り出すことも子どもの自尊心を傷つける結果となります。

一体、どうすれば？ と考えてしまいますね。子どもが社会に対して（主に学校のことになりますね）理不尽さや不条理を感じ、訴えてきたとき、戸惑ってしまうお母さんはとても多いと思うのです。

世間には、本音と建前がある。すべていいことばかりではない。でも、そんなことを子どもに言ってもわからないだろう。だから、とりあえず「我慢しなさい」

という言葉でやりすごしてしまうのです。

私たち大人でも、納得がいかない！　と頭に来ている最中に、人に「我慢するしかない」と言われても、なかなか気持ちが収まるものではありません。

まずは、「それは、違うと思っているのね」「そういうことで頭に来てるんだ」と共感の態度で接してあげてください。

これは、一緒になって肯定しているのとは違います。

「あなたの思っていることや、気持ちはわかりましたよ」ということです。つまり、「あなたの考えは気持ちは、とても重要ですよ」というメッセージを伝えたいのです。

そして、世間の理不尽さというものを感じているのは成長の証と考えると、ここでも子どもの建設的な部分に出会うことができます。

残念ながら、生活をしていると理不尽だと思うことにも出会います。

お母さんが、わが子を信じて、世の中にはそういうこともあるということを学ぶいい機会だわ、と思うことができれば、ストレートに伝わり、子どもは自分を信じて、物事についてじっくりと考えられるようになります。

何か納得できない目に遭っても、「先生は嫌いだけど、友達はたくさんいるから、学校へ行こう」「1年経てば、担任の先生は変わる！」と、柔軟な発想ができるようになります。

「我慢しなさい」は、「どんなことでも受け入れなさい」ということです。大人でも無理なことを、わが子に強いるのは、おかしなことです。

そんな無理を強いるよりも、お母さんの言葉ひとつで、子どもの心がラクになることを覚えておいてください。

「それは、違うと思っているのね」「そういうことで頭に来てるんだ」と共感の態度で接し、「お母さんも小3のとき、変わった先生でね……」と、自分の経験を話してあげるのもいいでしょう。

家庭でのフォローが、パブリックな場所で、強くしなやかに行動できる子を育てていくのです。

子どもが感じた理不尽さに共感することで、強さが養われていきます

思春期は
子どもの自我を尊重し
育てる時期です

「あなたの考えはわかるわ、でもね」

中学生、高校生になると、親と意見が対立することが増えます。

そういうとき、親はまず十分に子どもの意見を聞こうとします。コミュニケーションのテクニック本にも、先に相手の意見を聞くことが大事と、よく書いてあります。それを実践しようとします。

そして、聞いたうえで、自分の考えも聞いてもらおうと考えます。そこで、言ってしまいがちなのが、「あなたの考えはわかるわ、でもね」という言葉です。

このとき、「子どもの話を聞いたうえで、こちらの話をするのだから、公平だ」とたいていの方が思っているはずです。

最後の「でもね」で、自分の意見を押しつけていることに気がつきません。

これだけあなたの話を聞いてあげているのだから、頭ごなしに否定しているわけではない、さあ、今度は私の意見を述べる番よ、と思っています。

そして、それがいかに正論かということを、子どもに納得させようとします。

しかし、子どもの側からすると、結局親が言いたいのは最後の「でもね」以降の部分で、最初に話を聞いてくれているのは、最後に親の意見を押しつけるための序章に過ぎない、というように見えます。

この「でもね」は、「あなたが何を言ったって、言い負かせる自信があるのよ」というメッセージになり、子どもの自己肯定感を奪っていきます。

これが何度か続くと、話の流れは読めるので、もう最初から何も話したくないということになってしまいます。

「思春期に入ったとたん、以前のように毎日のできごとを話してくれなくなった」「何を考えているのか、最近、わからなくて」というお母さん方の多くが、「私は子どもの話をちゃんと聞いてあげているのに……」と、誤解していることが多いのです。

何も言わないでいると、「どうして、何も言わないの。何も言わなければ、わからないじゃないの」と責められ、言ったら言ったで、「でもね」と反論される。これでは、「もう親に近づきたくない」という気持ちさえ起きてしまいます。

そこでどうすればいいかというと、「そう思っているのね、それで？」と、子どもの思っていることを、相槌《あいづち》を打ちながら、聴いてあげるのです。

子どもは、自ら不幸を選ぼうとはしないはずです。親が考えているのとは、まったく違う方法かもしれませんが、それなりの考えで自分の幸せを見つけようとしているはずです。

子どもにもともと備わっている、〈成長仮説〉〈実現傾向〉を思い出してみてください。親が自分の意見を言わず、聴いてあげることに徹する態度は、子どもを尊重し、子どもの自立を促します。

「でもね」ではなく「それで？」で、子どもの話に耳を傾けましょう

「みっともない」

思春期の子どもの服装や髪型、親はとても気になりますね。

「そんな服を着て、どこに行くつもりなの？　みっともない」

「その髪型どうにかしたら？　おかしいわよ」

とくに、子どもの外見に急な変化が見られると、心配でついそう言ってしまいます。

そんなとき、一般的に個性を大切にというような言い方をしますが、本当に個性的なファッションをしている子というのは、そんなに多くいるものではありません。彼らは、皆、同じようなファッションに身を包んでいます。子どもたちの服装や髪型は、仲間の一員であることを示す表現方法なのです。

思春期は、子どものコミュニティが家族から、友人に移っていくときです。今までは、家族の一員という意識が強く、家族と行動を共にすることが多かったのが、だんだん家族といるよりも、友人といる時間が増えてくるのが普通です。

当然、影響を受け合います。自分を大切にし、他人に対しても信頼感を持っている子どもは、その気持ちが服装や髪型にも表われてくるものです。

そういう子は、なんとなく清潔感があり、明るい印象を与える装いやおしゃれをしているでしょう。親が気にかけてほしいのは、子どもの外見だけを取り上げて「良い」「悪い」と判断することではなく、そこから発せられている雰囲気や空気感、つまり、子どものあり方そのものを認めてあげることです。

16歳の男の子を持つお母さんが、朝、高校へ向かう子どもに、

「その制服、本当にカッコいいね。○○君、よく似合うよね」

と声をかけたそうです。そうしたら、子どもが急に、「あ、歯を磨くの忘れた」と、わざわざ履いた靴を脱いで、洗面所に向かいました。

実は、その子は、あまり身なりに構わず、数日間、歯を磨かないでいても平気でいるようなところがあったそうです。

親の何気ないひと言が、こんな風に子どもの行動を変えていくのです。

「その洋服の色、あなたに似合うね」

「その髪型、かっこいいね」

このように声をかけてあげることで、子どもの自己肯定感を高めることができるということです。

反対に、ちょっと制服を着崩していることや、男の子が熱心に髪型を気にする様子を指摘し続けていると、自分自身が否定されているように聞こえ、また、自

分の友人関係や、ひいては学校生活までも否定されているように聞こえてしまいます。

服装や髪型の変化は、子どもが自立へ向かい一歩踏み出した証《あかし》。アイデンティティが定まりつつある証拠なのだと、覚えておいてください。

「似合っているね」と身だしなみを認めてあげるだけで、自信が宿ります

「夢みたいなこと言ってないで、現実を見なさい」

「ミュージシャンになりたい」「アイドルになりたい」と、子どもが言ったとき、「なに夢みたいなこと言っているの」と、あしらってしまいがちです。

それでも、子どもが本気で言っているようだと、「いい加減にしなさい。そんなことより、もうすぐ中間テストでしょ?」と、現実に引き戻そうとすることもあると思います。

でも、もし、子どもがミュージシャンやアイドルになったら、それはいけないことでしょうか？ 人をだまして大儲けしてやるとか、大泥棒になってやると、言っているわけではありません。

私のセミナーに通っていらっしゃる、あるお母さんには、15歳の息子さんがいます。彼はバンドに夢中で、「将来ミュージシャンになる」と言い出したそうです。お母さんはずっと、子どもの話を相手にすることなく、上の空で聞いていました。ところが、ある日、また息子さんがミュージシャンになりたいと言い出したとき、セミナーで習った通り、

「へぇー、どんな曲を演奏するの？」

「お母さん、最初のコンサートには絶対行くわ」

と、息子さんの話に乗ってみたそうです。

正直なところ、心からそう思って言ったわけでなく、お芝居のセリフのようだったと言っていました。でもせっかくなので、なるべく迫真の演技でがんばってみたそうです。そうしたら、不思議なことに、本当にそう思えてきたそうです。

もし、本当にミュージシャンになれて、毎日大好きな音楽ができたら、それは

それでどんなに素敵な人生だろうと。そう考えたとき、息子さんに才能があるとかないとかは、気にならなかったそうです。

息子さんは、お母さんが目を輝かせて話を聞いてくれるので、ひとしきり自分の夢を語り、満足してその日の会話は終わりました。

そして、1週間ほどして、息子さんから思いもよらない決心の言葉を聞くことになるのです。

「いろいろ考えたけど、プロでやっていけるほど、音楽の才能はないと思う。バンドのメンバーとも話し合って、そろそろ、勉強がんばろうかってことになって。塾に行こうと思うんだけど、いい？」

なんと、行きたい塾のパンフレットも自分でもらいに行き、コースもほぼ決めてあったそうです。

親がむげに反対することなく、信頼して任せてみると、子どもは本当に自分にできるのだろうか、と我にかえります。誰にも反対されないのなら、その道に進むのかどうか、自分で決断しなくてはなりません。

この息子さんのように、冷静になって、やっぱりやめる、と言い出すかもしれません。

あるいは、夢に向かって、実際に行動を起こす子もいるでしょう。背水の陣で取り組んで才能が花開けば、それは本当に素敵なことです。もしも途中で、自分の才能の限界を感じたとしても、それは大切なことですし、そこまで自力でがんばってきた子なら、次の道を自力で探すことができるでしょう。

ここでも、大事なのは、子どもは自分の人生を健康で、自分らしく生きたいと願っていることを信じ、子どもの〈成長仮説〉〈実現傾向〉を見守る態度なのです。

信頼して任せてみると、子どもは自らの現実を受け止めます

「いつまで、どこをほっつき歩いているの？」

子どもが成長するにつれて、外で過ごす時間も増え、親が行動を管理できなくなってきます。

帰宅時間が遅いと、心配になってきますね。とくに女の子を持つ両親は、気が気ではないでしょう。連絡もなく遅くなることが続くと、当然叱ることもあるかと思います。家族としてのルールや、安全性の問題など、本人にしっかりとした自覚を植えつけたいところです。

心配が先に立ち、「いつまで、どこをほっつき歩いているの？」などと叱り口調になりがちですが、本人にきちんと自覚してほしいからこそ、反発を招くような言い方ではなく、納得できるような伝え方をすることが大切になってきます。

そこで、考えてみてください。遅く帰ってくることで、子どもにとって何がいけないのでしょう。

いくつか理由があるかもしれませんが、一番問題なのは、安全性でしょう。つまり、「遅い時間に帰る」こと事態が問題なのではなく、それが「危険」なことが問題なのです。「危険」だから「心配」なのです。伝えたいのは、そのことです。

ある17歳の女の子を持つお母さんが、その子の帰宅が遅くなったとき、次のように言ってみたそうです。

「△子ちゃんが、お友達と遊んでいたい気持ちはわかるわ。私も△子ちゃんにお友達と仲良くしてほしいと思うもの。ただ、お母さんは、△子ちゃんに、毎日、無事にお家に帰ってきてほしいと思っているの」

数日後、また少し帰宅が遅くなりました。その日、△子ちゃんは以前と違い、自宅の最寄駅から、自分の携帯で電話をしてきたそうです。

「あのね、今、駅に着いたから。ちょっと遅くなっちゃったけど、急いで帰るね。遠回りだけど○○通りから帰るよ。そのほうがお店が並んでいて、暗くないから。また、途中で電話するね」

家に着くまで2度連絡があり、その都度、自分の無事を伝えたそうです。

子どもには子どものつきあいもあるでしょう。すべてを親の管理下に置くということは、不可能になってきます。

大切なのは、子ども自身が、自分を大切な存在として考えられるかどうかです。親に大事にされていると思えることは、自分を大切にすることにつながります。

知り合いの人に誘われたり、街で声をかけられたりして、危険な目に遭いそうになったとき、自分は親に大事にされている大切な存在なのだと自覚していることで、きっぱりと断る勇気が持てるものです。

日々のちょっとしたやり取りから、子どものいい自己イメージを育てることができるのです。


「あなたの安全が大事」という親の態度が、子どもの行動に自覚をともなわせます

「皆はどうしているの？」

子どもが、部活や、塾や、志望校を選ぶときなど、「他のお子さんはどうしているのだろう」と、知りたくなることがあります。

その裏には、「うちの子どもの選択は間違っていないだろうか」「今の時流に合っているのだろうか」「自分たち親子は、世の中の情報を知っているのだろうか」といった不安があるからでしょう。

でも、「皆と同じなら大丈夫」という考え方は、子どもの自主性を阻みます。

親が、子どもの選択や判断に対して、「皆はどうしているの？」と尋ねることは、「I am not OK. You are OK.」の態度です。

これは、「あなたはダメだから、よく周りを見ていないと失敗するわよ」というメッセージになり、子どもに、「私は、自分では答えが出せないんだ」という考えを植えつけることになってしまいます。

私が聞いた話で、こんなお子さんがいました。

たまたま硬派で有名な高校に入学した彼は、運動部では先輩にしごかれてしまうだろうと考え、吹奏楽部に入部したそうです。

ところが、それは甘い考えで、実際はものすごくきつい部でした。ほとんど毎日練習があり、満足に音が出ないと、先輩からの鉄拳が飛んできたそうです。

お母さんはそういう息子さんの様子を見て、「他の友達のように、もっと気楽な部に入り直せばいいのに」と、何度ものどまで出かかったそうです。でも、その言葉を飲み込み、がんばる息子さんの姿を見守りました。

もうやめちゃおうか、どうしようかと迷いながらもしばらく続けているうち、何もできなかった彼が、少しずつ楽器を演奏することができるようになってきました。

そうなると欲も出て、自主的に練習するようになり、どんどん上達していったそうです。それは、彼にとってもひとつの成功体験となり、勉強や人間関係にも自信を持つことにつながりました。

自分で決断し、迷いながらもやり通す子どもの姿を、お母さんが見守っていたから、子どもの成長があったのです。

今の子が、メンタルが弱いといわれる原因のひとつに、自分を信じられないということが挙げられます。

「他の誰がどうであろうと、あなたがそう思ったのなら、やってみればいい」というメッセージを子どもに伝えることは、とても大切です。

そして、子どもが「～を選ぶ」と言ったとき、その判断を信じて、応援することで、子どもの自己肯定感を高めてあげてください。

「あなたがやろうと思ったのなら」と、わが子の選択を信じてあげましょう

「あなたの顔、○○みたいね」

「あなたの顔、お月さまみたいにまん丸ね」

これは、私が10代のとき、実際に両親から言われ、傷ついたひと言です。

両親は、とくにそれほど深い意味があって言ったわけではないのです。軽い気持ちだったことは、2人の様子を見ても明らかでしたし、夕食のひとときの笑い話のひとつとして、言い出したことです。

でも、私としては、軽いノリで言われていること自体がショックでした。今にして思えば、どうしてそのくらいのことでと思うのですが、そのときは、涙がにじむほど悲しい気持ちだったのです。

思春期の頃、子どもたちは自分の容姿について、非常に関心を持ち始めます。

家族よりも友達や学校という、自分が属している環境の中で生活する時間が多くなるにつれて、周囲から認められたいという気持ちが強くなっていきます。

思春期編

自分は他人にどのように見られているのだろう、快く受け入れられているのだろうか、と不安でいっぱいになってくるのです。

親としては、ほんの冗談のつもりだったとしても、容姿についての指摘を、子どもは重く受け止めます。自己イメージに関わる重要なテーマだからです。

「あなたの顔、〇〇みたいね」

「あなた、おチビさんだからね」

「ダイエットしなくて、大丈夫？」

こうした言葉で、軽い気持ちでからかったことが、子どもの自己肯定感を低くしてしまうこともあるのです。

よく、とても整った顔立ちをしているのに、いつも暗くて元気がないように見える子がいます。そういう子には、周囲も気さくに声をかけにくいですね。

でも、飛び抜けた美人でなくても、「お母さん、〇〇ちゃんの笑顔を見ると元気になるよ」と言われて育てば、その子は自己否定感など持たずにすみます。表情が明るく、オープンな子は、皆から好かれやすいものです。

もともとの容姿がどうかということではなく、容姿についてどういう言葉を親がかけてきたかで、子どもの心の持ちようが変わるということです。これも、わが子の〝いいところ探し〟です。

親としてできることは、子どもを尊重し、あなたは愛される資格がある子なのだということを伝えることです。

そうやって自己肯定感が高まることで、身辺を清潔にしたり、素敵に見せる工夫をするなど、自分を大切にしながら成長していけます。

容姿も〝いいところ探し〟で、肯定感あふれる言葉がけの工夫を

「○○校に進学しなさい」

自分の母校に愛着がある。卒業後もOBとして、人生に役立つ強い人脈ができる学校に進学してほしい。自分自身も、親の希望する学校に入ったことがいい人生につながったので、わが子にもそうさせたい。

このように、どうしてもわが子にその学校を薦めたい理由を持っている親御さんも多いことでしょう。

でも、「絶対」ということも、「完璧」ということも、世の中にはありません。自分にとってはどんなによかったとしても、絶対、わが子にも同じような体験になるとはかぎりません。この学校へ入りさえすれば、あとは遊んでいても、完璧な人生が送れるということもないでしょう。

子どもの進学問題が現実的になってきたとき、自分の体験を話したり、率直な意見を伝えることは、子どもとのコミュニケーションに欠かせない大切なことです。でも、親の希望を押しつけ、子どもをがんじがらめにすることは避けたいものです。

子どもにとって、進学という重要な選択のときだからこそ、「○○校に進学しなさい」ではなく、「どこに進みたいの？」と、子どもの意志を第一優先にしてください。

私がカウンセリングを行なっていると、ときどき、「お母さんに反対されたから、行きたい大学へ行けなかった」「やりたい勉強ができなかったから、好きな道に進めなかった」と、30代になってもまだお母さんを憎んでいたり、自分のやりたいことを見つけられない人に出会うことがあります。

そう思いながら生きていく人生は、子どもにとっても親にとっても不幸なことです。

進学という、子どもの人生の最初に訪れる分岐点でこそ、「あの子よりも私のほうが、人生のさまざまなことを知っている。だから、間違わないように導いてあげなくちゃ」という気持ちを、捨ててみてください。

そうした親の態度を、子どもは敏感にキャッチします。自分に対する親の厚い信頼を感じ取ることでしょう。そこで、自分の選択に自信を持つことを覚えます。親の期待に応えようと、気力をみなぎらせていきます。

進学の問題は、子どもが小さな頃の日々のしつけとは違うと思われるかもしれませんが、そんなことはありません。根っこは同じです。

日々の小さなことは楽観的に見守り、子どもにとって重大な分岐点では口を出していいということはないのです。

お母さんが、「○○校に進学しなさい」と言うのは、わが子に失敗してほしくないからですよね。でも、大切なのは、失敗しないことではありません。失敗のない人生なんてないのですから、失敗したときにどう乗り越えていくか、そこで何を学ぶのかが大切なのです。

「わが子なら、どんな学生生活が待っていようと、その中で工夫し、自分の人生の糧にするに違いない」と、見守ってあげてください。

子どもにとって重要な分岐点でこそ、見守りの姿勢で接してください

「余計なことはしないほうがいいわよ」

子どもが、クラスや部の役員を引き受けてきたとします。そんなとき、親のほうが不安になってしまい、「責任が持てないことは、引き受けないほうがいいのよ」などと言ってしまうことがあります。

「本当に大丈夫？」「ちゃんとやらないと、先生も心配するわよ」と、言えば言うほどお母さん自身が不安になり、とうとう「お母さんをがっかりさせないでね」と、本音がポロリと出てしまいます。このひと言が、子どもの自信を砕きます。

「うちの子には、ちょっと無理では？」と感じても、他の人から非難されるだろうという暗示や、上手くできないだろうという暗示をかけないであげてください。

まずは、成果をあげることができようとできまいと、引き受けたということ自体を認めてあげるのです。

そうすれば、「クラスのために、役員を引き受けるなんて、かっこいいね」など声をかけることができます。

もしも、子どもから「思った通りにいかない、みんなをまとめていけないし、自信がなくなってしまった」という発言があったら、

「きっと、あなたなら何か工夫ができると思うよ」

「協力してくれる人も、きっといると思うよ」

と、子ども自身や周囲の人を信じるように伝えていきましょう。

自分を信じ、他人を信じる子どもは、集団の中で力を発揮していけます。「I am OK. You are OK.」の態度でいられるわけですから、人望を集めます。周囲

から多少の反発や反論にあっても、それほど気にせず余裕を持って受け止めることができます。

さらに、友達のよいところを見つけることができるので、一緒にいると楽しいな、と思われやすくなります。

逆に、「余計なことは引き受けなくていいのよ」という言葉は、他人は信用できないものよというマイナスのメッセージとして伝わります。そうすると、子どもの中に他人から非難されたらどうしよう、嫌われたらイヤだという気持ちが強くなり、行動が常にビクビクしてしまいます。

子どもの行動範囲が広がり、独立へのときが近づく思春期こそ、「いい人はいっぱいいるよ、人を信じても大丈夫だよ、人を大切にしようね」ということが伝わるコミュニケーションを心がけてみてください。

子どもは、挑戦することが無駄ではないと学ぶでしょう。こういう経験が、子どもの将来に役立たないわけがないのです。

「他人は受け入れてくれる」というメッセージで、人を信じる力が育ちます

「誰か、つきあってる人なんているの？」

母親からすると、とくに男の子の性的な発達については、未知のことが多く、理解しにくいかもしれません。部屋を片づけようとしたら、ベッドの下からエロ本が……なんてことも起こるでしょう。

そんなとき、「まさか！ ウチの子が！」と、ショックを受ける方もいらっしゃるかもしれません。

でも、これは、ごく当たり前の成長の過程です。安心して受け止めてください。

子どもにそのことを問いただしたり、叱ったり、見つけたものを隠してしまったりしないようにしましょう。それは、見て見ないふり。何事もなかったかのように、済ませておくのです。

女の子の親は、もっと心配かもしれません。彼氏ができて、家に連れて帰ってきたとき、2人で部屋に閉じこもってしまったら……。親としては、どうしたらよいのか、わからなくなりますね。

このように、思春期の子どもの恋愛や性的なことが気になると、「誰か、つきあってる人なんていいるの?」「まだ早いわよ」と口を出してしまいがちです。

そういう親の態度がきっかけで、「いけないことなんだ」というイメージを持ってしまうことがあります。

そうなると、子どもは「親に隠さなきゃ」とコソコソし始めます。でも、それって、おかしなことですよね?

親は、いつか子どもたちにも愛する人を見つけてほしいと願っています。10代の恋愛がそのまま続き、ずっと愛し合うというわけにはいかないかもしれません。思いが届かなかったり、心を痛めたりすることもあるでしょう。

ここで大切なことは、男の子も女の子も同じです。それは、恋愛を通して、自分と相手を大事にできる気持ちを育ててほしいということです。

相手を思いやる気持ちのある子どもが、平気で相手を傷つけるようなことや、自分を粗末にすることはしないものです。

自己肯定感が高いことは、思春期の恋愛においても、将来、素敵なパートナーと出会うことにおいても、とても重要なファクターになります。

あるご家庭では、子どもが小さな頃から、たまたまラブシーンがテレビで流れてしまったときも、あわてずに、「大好きな人同士なんだね」と話しかけて、〝洗脳〟していたそうです。

こういうことは、本当に大切だと思える人との間ですることで、ちょっと照れちゃうけど、恥ずかしいことでも、悪いことでもないんだよ、というメッセージになります。恋愛や性的なことを、肯定的に伝えることができるのです。

思春期の恋愛や性的なことを毛嫌いしたり、興味を示したわが子をとがめないようにしましょう。

もし、子どもが「好きな子がいるんだ」などと教えてくれたら、「素敵ね」「大好きなんだね」「お母さんもうれしい」と、お互いが相手を思いやる関係を結ぶことは幸せなことなのだと、伝えてあげましょう。

思春期の恋愛を心配するよりも、恋愛の素晴らしさを伝えてあげましょう

「親に向かって、なんてこと言うの」

思春期になってくると、自我が発達し、子どもは自分の意見をしっかり持つようになってきます。というか、それが理想的です。

ただ、親からすると、言葉づかいが急に生意気に思えたり、批判されているように感じます。小さな頃に、「ママ、嫌い！」などと言われて傷つくのとは大違いで、子どもにバカにされたように感じたり、否定された気がして、怒りでカッとなり、「親に向かって、なんてこと言うの」と、口走ってしまうのです。

親は、子どもに傷つけられるときがあります。でも、子どもが大きくなってきた頃こそ、ムカッとするその気持ちに任せてしまうのではなく、

「そんな風に言われると、とても悲しいわ」

と、そのことを正直に子どもに伝えることが大切です。これは、「私を悲しくさせたのだから、責任をとってほしい」という態度とは違います。

親にも感情があり、同じ人間同士として、信頼して率直に伝えているということを言葉と態度で示すのです。

「子どもにナメられてはいけない」という言葉を、お母さんの口から聞いたことがあります。でも、親だからといって、率直に心を開かず、常に〝上から目線〟だけで会話をすることが、いい対応とはいえません。

子どもに負けてはいけない、尊敬されなくてはいけないという考えは、子どもとの関係を建設的なものにはしないのです。

実は、子どもに反抗期があるのは当たり前と思われていますが、そうとはかぎりません。

思春期の子どもは、アイデンティティを構築《こうちく》する過程にいます。自分を一つの独立した一個体として、きちんと意識し、自分とはこういう人間だ、ということを作り上げているのです。こうした作業によって、自分の考えを持ち、意見を伝えられるようになっていきます。

子どもがお母さんをムカッとさせることを言うのは、自分の考えや意見が受け入れられなかったときでしょう。そのとき子どもは、反抗といわれる行為に出ます。

つまり、子どもの意見が、尊重して扱われているときには、反抗しないこともあるのです。ここで尊重といっているのは、もちろん、子どもの言いなりになるということではありません。

大人同士であれば、意見の食い違いが起こっても、急に〝上から目線〟で、言い負かそうとはしませんよね。相手の意見をきちんと聞き、こちらの意見も伝え、ときには新しい考えを出し合い、互いに解決の方法を探ります。

わが子だからといって人格を無視せず、一人の人間として向き合い、ときには尊敬したり感心したりしたことを、また、傷ついて悲しいと思ったことを、相手に伝えたいものです。

そうすることで、子どもも親を信頼し、心を開いて自分の意見を言うようになります。建設的な話し合いができるようになります。

「同じ人間同士」という目線に立てば、建設的な会話に持ち込めます

4章

お母さんの言葉を子どもの心に届けるために

――どんな世の中も生き抜ける強さを養う、〝見守る子育て〟のコツ

失敗し傷つくことを、見守り、許してあげましょう

ほとんどの子どもは、遅くても3歳くらいになれば、親と離れる時間ができ、親の目が届かない世界でも生きるようになります。

その親と離れている時間、もしかしたら、わが子は傷つく体験をしているかもしれません。

楽しく遊んでいたおもちゃを横取りされて、泣いているかもしれません。

取り返そうとしたら、その場面だけを見ていた幼稚園の先生に、「あら、お友達のおもちゃを急に取ってしまってはダメよ。ちゃんと、貸して、って言ってね」なんて言われてしまっているかもしれません。

先生に誤解されて叱られたことでしゅんとしてしまい、暗い気持ちで過ごすこともあれば、悲しんだり、怒ったりしているうちに、どうしたら自分が心地よくいられるのかを、工夫して考えられることもあるでしょう。

大切なのは、そういうもろもろの体験です。

残念ながら、世の中には、理不尽なことがたくさんあります。自分の希望が通らないこともたくさんあります。

お花で彩られ、平坦にならされた道をただまっすぐに歩いていたら、お城にたどり着けた……などという現実は、まずないのです。

だから、傷つく経験は、これからの人生にとって、とても貴重な体験なのです。

傷ついたときはどうしたらいいのか？

そもそも傷つかないようにするためには、どんな工夫が必要なのか？

子どもは、何度も失敗しながらそれを学んでいくのです。

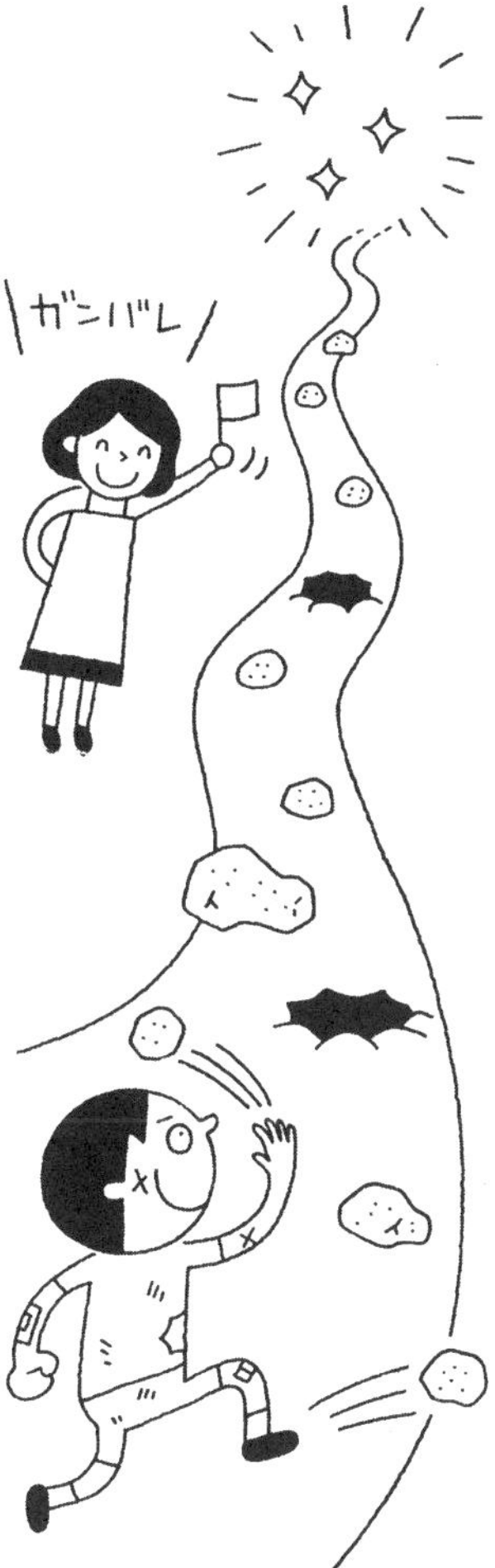

不本意にも、相手を傷つけてしまうということもあるでしょう。

その後、手痛いしっぺ返しにあうかもしれません。

すべての経験が、その後の人生に活かされていくことでしょう。

傷ついた経験や失敗した経験から、この子はきっと何かを学ぶことができると、子どもの力を信じて、見守ってみる。

本書でこれまで何度もくり返しお話ししてきた、子どもを尊重するというのは、そういうことです。

それは本当に子どものためですか？

ただ、子どもが傷つくのを黙って見ているのは、自分が悲しい思いをするよりもつらかったりするものです。

ほとんどのお母さんが、そう感じていると思います。

実は、ここがミソです！

私が、自分自身の子育てで悩んでいたことは、すでにお話ししましたね。

思えば、その頃の私は、自分の不安から、息子に注意ばかりしていました。

「今日こそ、忘れ物しないでね」

「ほら、ちゃんと、身だしなみを整えなさい」

「そういう言い方って、おかしいんじゃない？」

学校で問題ばかり起こすわが子をきちんとさせなければ、という思いばかりが先走っていました。

こういう私に対して、息子は、何かよくないことがあると、全部私のせいにしていました。

「母さんがやれって言ったからその通りやったのに、上手くいかなかった」

という具合です。

私としては、

「ちっとも私の言う通りになんて、やっていないのに！」

とイラ立ちを感じ、両者ともに、不満たらたらでした。

私は、息子のことが心配で、比喩的に言うなら、「ぎゅーっと息子の手を握るようにして」子育てをしていたのだと思います。

「ここで私が手を離してしまったら、息子は大変なことになる」

「私は、母親なんだから、しっかりしなくちゃ」

そして、こう思っていたと思います。

「手を離して、息子がますます問題ばかり起こすようになったら、私は今よりもっともっとつらくなっちゃう」

つまり、わが子がつらいから助けてあげたいと思い行動しているつもりでも、本当は自分がつらかったのです。

その自分のつらさから逃れたいがために、子どもの問題に介入したくなってしまったのです。

私たちが、子どもを叱ってしまったり、子どもの行動に対して〝上から目線〟でジャッジしてしまったりするのは、本当は子どものためではなく、自分がつらい思いをしたくないからなのです。

3章で挙げた、普段言いがちなお母さんの言葉を見ると、すべて親の側の不安を取り除きたいがゆえに、発している言葉だということが理解できると思います。

お母さん自身の不一致は、必ず伝わってしまいます

「あなたのため」のつもりが、「自分のため」になってしまっているとしたら。

それは、子どもにとって、自分へのメッセージではないということになりますね。だから当然、子どもの心には響きません。

お母さん自身の不一致は、子どもに伝わり、子どもを混乱させるのです。

私が、子育てに自信が持てず、悶々としていたころを振り返ってみると、まさに私自身が、自己肯定感の低い親だったことに気づきます。

さらに、当時そのことに、まったく気づいていなかったのです。

私は、小学校や中学校の頃、いじめに遭うことが多く、暗い気持ちに沈んでいることがよくありました。当然、自己肯定感など、かけらもなかったのではないかと思うほど、自分のことが好きになれずにいました。そんな毎日が何年も続き、高校に上がったとき、一大決心をしたのです。

もっと自信を持って、自分からどんどんお友達を作っていこう、と。

それからは、学校に行く前に、「私は皆の人気者なんだ」「私は皆に好かれているんだ」と、自分で暗示をかけ登校しました。

それは、とてもうまくいきました。とくに人気者になったわけではないのですが、今までのようにいじめられるということがなく、仲の良いお友達もでき、一人ぼっちになってしまうことがなくなりました。

「な〜んだ、こうすればいいいんだ」。それは私の成功体験のひとつとなりました。

心理学的にいうと、イメージトレーニングに当たると思います。

自分で望む姿を作り上げ、それを毎日イメージすることによって、現実にそのようにふるまうことができたのです。

私は、すっかり自分の問題を解決できたような気持ちになり、その後、大学に進み、社会人となり、結婚し、希望に満ちあふれて子育てを始めたのです。

つまり、かつての自己肯定感が低かった私から、自信を持てる自分に変わったその体験を踏まえて、自己肯定感の高い子どもを育てることができる、と思っていました。

そして、子どもが小さいうちは、うまくいっていると感じていました。

ですから、息子が小学校へ上がってから、学校で問題行動が多いと知ったときは、とてもショックで、「なんでなの?」という気持ちでいっぱいでした。

子どもは親の「着ぐるみ」を見抜くのです

その後、心理学を学ぶ中で、私は大きな発見をしました。

まず、私の心の奥底には、かつて、いじめられっ子で自己肯定感の低かった頃の、イジイジした自分がまだ残っていたのです。

心理学では、インナーチャイルドという概念があります。

本来の自分というべき、生まれたときから持っている「自分らしい」根幹の部分です。

インナーチャイルドは、日本語では「内なる子ども」というような言い方をして、「小さな子ども」であるかのようにイメージすることが一般的です。

自己肯定感が低いと、そのインナーチャイルドを大切にすることができません。

「自分なんて、どうせたいしたことのない存在だ」と決めつけてしまうので、「自分らしさ」そのものである、インナーチャイルドを粗末に扱ってしまうのです。

私は、高校入学時のイメージトレーニングが功を奏し、上手く社会に適応できたように思っていましたが、粗末に扱い、傷ついたままになっているインナーチャイルドを癒すことをしないで、ただ表面的に自分を作ってきたのでした。

心の中では、問題は解決されていなかったのです。

私は、傷ついたままのインナーチャイルドの上から、楽観的な着ぐるみを着て、長い間生活していたのです。

それは、子育てにも反映されていました。

これが心理学を通じて得た、私の大発見です。

なるべく子どもを楽観的に育てようと思い、言葉では
「あなたの好きなようにしていいのよ」

と言ってみます。でも、どんなに前向きな自分を装っても、心の中では不安がいっぱいで、

「本当にできるのかしら、失敗したらどうしよう」

と思っていたのです。

一見、陽気な着ぐるみの奥から、不安そうな目が覗《のぞ》いているのです。

子どもは、そのギャップにどれほど混乱したことでしょう。

子どものために発していない言葉は、子どもの心に届きません

私は、心理学を学び、心の奥にあるインナーチャイルドの傷に気づき、癒すことで、自分の不安が消え、心の底から、子どもを信じて関わることができるようになってきたのです。

そうすると、「私がつらいことなんて、もうぜんぜん問題じゃないわ」と思え、子どもの手をきつく握っている自分の手の力を、すっと緩《ゆる》めることができました。

親の対応が変われば、子どもはそれを一瞬で察知します。

本当に自分のことを思って言ってくれているのが、しっかりと伝わるからです。

子どもに注意することをなくし、信頼して見守るようになったとき、こんなことがありました。

前の日に、子どもから試験勉強のため、朝5時に起こしてほしいと頼まれていたのに、私はすっかり忘れていて、気がついたときは7時でした。

「ごめん、すっかり忘れてた」

と私。それに対し息子は、

「いいよ、目覚ましかけ忘れた自分も悪いんだから」

と、人を責めることなく、すんなりと反省しているのです。

その変化には驚きました。これはそのときだけでなく、その後も、あれほど、私に責任を押しつけていたのがウソのように、自分で判断し、自分で責任をとるという姿勢が身についていました。

ぎゅーっと握っている、その手を緩めることで、変われます

どうか、子どもの手をぎゅーっと握っていた、その自分の手を緩めてみてください。

ちょっと離れて、子どもを見守る態度を取れるようになると、お母さん自身に

も変化が訪れます。

最初は、不安かもしれません。でも、手を離すことで、子どもを尊重できている自分を実感できるでしょう。

そのうち、「あ、私が手をぎゅーっとしてなくても、あの子、大丈夫なんだ」ということがわかってきます。

お母さん自身の言動が一致し、自己肯定感が上がっているのです。

自分の奥に癒されないまま残されている自分なんて見たくない、子どもの頃からずっと自分が好きになれないという方もいらっしゃるかもしれません。

でも、そういう方も、「私は、私のことをそう思っているんだ」と気づけば、それで十分なのです。それだけで、自分の言動の不一致に気づけるようになるからです。

何も今すぐ根本から自分を変えなければ、いい子育てができないというわけではありません。

私の場合は、心理学を学びながら、自分自身を癒すことを知りました。

でもそれは、誰もが子育ての中で、実感できることだと考えています。

私は、カウンセリングに訪れるお母さん方に、「わが子の手をぎゅーっと握っている、その手を緩めること」を、ひたすらお伝えし続けています。

先日いらしたクライアントの方は、20代のお子さんが、お仕事が続かないということで、悩んでいました。

自分が手助けをしてあげなければと、非常に重く受け止めていらしたようです。

まず、「様子を見ていましょう」と、子どもを信じて関わることをお伝えしたところ、数週間後、何とお子さんが自分から働き口を探してきたということでした。

それればかりでなく、ほとんど会話らしい会話がなかった母子の間に、会話が戻ってきたそうです。

視点を180度変えて、自分のためでなく、子どもの成長のための言動を探り、実行していくことで、お母さんも子どもも変われます。

子どもが20代、30代になってから始めても遅くはありません。お子さんの手を離せば、お母さん自身が自由になり、ラクになれます。

お母さん自身の自己肯定感が、家族みんなを幸福にします

お母さんが子どもを信じることができるようになると、さらに大きな変化が起こります。

子どもを信じ、〈成長仮説〉〈実現傾向〉を見守り、建設的なところを探そうと努力していくうちに、それは、子どものことだけにとどまらず、夫や両親、知人や友人、仕事で関わる人たち、そして自分のことまでも、そのような目で見る癖がついてくるのです。

これは、私自身が経験したことです。それまでは、私は、いつまで

「あ～あ、また今日もクローゼットの整理をしなかった。私は、いつまでクロークローゼットをごちゃごちゃのままにしておくつもりかしら」

と、毎日のように、自分がきちんとできていない箇所を探し、夜になると、一人で自分を責めたりして、イヤな気分を味わっていました。でも、

「ゴミも出したし、キッチンも掃除した。今日はトイレ掃除までがんばった。で

きていないところもあるけれど、結構がんばっているよね」と、自分にもダメ出しするだけではなく、行動の中の建設的なところに目を向けることができるようになってきたのです。

これは、私を楽観的にして、幸せな気持ちをもたらしてくれました。私が、穏やかで、ニコニコしていれば、家庭の中も平和です。

つまり、親自身の自己肯定感という副産物が、家族みんなを幸福にすることにつながっていったのです。

そうは言っても、毎日が完璧にいくわけではありません。当然、小さなことで、心が動揺することもありますし、何かしら不安になることもあります。

そんなとき、これだけは常に忘れないようにしてほしい五箇条があります。

常に心に留めておいていただきたい五箇条

①「この子、これだけできれば十分よね」

↓ 現実の子どもをしっかり見ましょう。まず、できているところを探し、建設的なところに注目してください。

②**「周囲の私への評価は、気にしない、気にしない」**

↓言葉と行動を一致させましょう。本当に子どものため？　自分が誰かに非難されないためではないかな？　と、自分を見つめ直してみましょう。

③**「○○ができるようになってる！」**

↓子どもの「成長したところ」を1日1個探しましょう。昨日より、1週間前より、1ヶ月前より、どこがどんなふうに進歩しているかな？　他の誰かとではなく、子ども本人の以前と比べてみましょう。

④**「子どもの笑顔は元気の源！」**

↓今を生きましょう。過去の後悔、未来への不安に目を向けないで。以前あったことを何度もくり返して責めてしまったり、これからどうなるの？という不安を、子どもにぶつけてしまわないようにしましょう。今を楽しく、子どもが元気でいきいきとした目をしていることが大事です。

⑤**「私自身の幸せも大事よね」**

↓ いいお母さんになろうとしなくていいのです。優等生になることより、率直に関わることのほうが、ずっと次元の高い生き方です。お母さん自身、等身大の姿で、自分自身の建設的なところを褒めて、生活していきましょう。

この5つの言葉を心に留め、子育てで迷ったときのおまじないにしてみてください。

「ママが代わりにやってあげようね」が、「きっとうまくいくわ」に、子どもの意見を聞いたあとに、「でもね」と否定していたのが、「それで？」という促《うなが》しの言葉に、自然に変わっていき、日々の中で、子どもの自己肯定感を高める子育てを継続していけます。

あとがきに代えて

ここまで読まれて、

「ふむふむ、だいたいわかったわ。でも、どんなときでも、子どもを尊重しながら関われるわけではないわよね？　例外もあるのでは？」

と思っていらっしゃる方もいるのではないでしょうか。

例外というのは、たとえば、受験間近などでしょう。

「受験目前のときや、進学がかかっているようなときは、子どもを信じてゆっくり待つ、なんて言っていられないわ。目の前のハードルを、とりあえず越えなくっちゃ」

そう思われるかもしれませんね。

でも、部分的に子どもを信じる表現をしてみせても、ここぞというときに、親の心配が前面に出てしまえば、結局なし崩しになってしまいます。

さらに、「しょせん現実なんて、言っていることと、やっていることが違うものなんだ。一貫して物事に取り組む必要はない」という認識を、子どもに植えつけることになってしまいます。

親のことを信じる気持ちを、失わせることにもなるでしょう。

親としては、ここで子どもにテコ入れをすれば、後は一人で行動できるようになるかもしれない、とにかく一人で考えて行動できるまで、押してあげようという気持ちもあるでしょう。

ところが、親が押しているかぎり、子どもは一人で行動しようとしないものです。なんだかんだうるさく言われても、寄りかかっているほうが、よっぽどラクだからです。

私が、この本で書きたかったことを、最後に率直にお伝えしたいと思います。

それは、「子育てはどこまで本気で腹をくくれるか！」ということです。

私自身、心配性でネガティブイメージを子どもに焼きつける親の側から、なかなか変わることができませんでした。

結局、「そうは言っても、建前と本音というものがあるわよね」とか、「四六時中、子どもの肯定感を上げる伝え方をするなんて、無理よね」と思っているうちは、いくら子どものためと思って発していても、その言葉は、子どもの心には届かないのです。

どんなささいなひと言でも、「この言葉は、子どもに何を伝えたくて言うのだろう?」と考え、終始一貫した表現、行動を取り始めたとき、何もかもが大きく変わっていきました。

「腹をくくる」なんて、厳しい言い方かもしれません。でも、子育ては、親の精神力が問われるのです。

私たちは、自分たちの子どもを育てているだけではありません。未来をつくっていく、世の中を素晴らしいものに変えていく人間を育てているのです。子育ては、人間育てと言えます。

ですから、大変です。つらいことも苦しいことも悩むこともたくさんあるのは当然なんです。でも、だからこそ、がんばる甲斐もあるというものです。

親が思っている以上に、親を子どもはしっかりと見つめています。その小さな目で、じっと見極めていると言ってもいいのかもしれません。くじけそうなとき、それを乗り越えようとしている親を見て、子どもも乗り越える力をつけていきます。

自分の人生に責任を持って、自分が幸せになれるよう、日々前向きに生きていく子どもたちを育てていきませんか。

壁があっても、障害があっても、ときには失敗しても、くじけず、勇気と明るさを持って生きていける強さを養ってあげましょう。

次の世代に、希望を持ってバトンタッチしていける子育てをしていけたら、未来は素晴らしいものになっていく。そう、私は信じています。

著者紹介
朝妻秀子　1959年東京都生まれ。大妻女子大学短期大学卒業。メーカー勤務後、結婚を機に退職。専業主婦として家事、育児に専念するも、子育ての悩みがきっかけで38歳にして心理学を学び、独立。企業経営に心理学を導入することで組織が活性化することに確信を持ち、2007年、株式会社東京・ビジネス・ラボラトリー設立。心理カウンセリング、心理カウンセラー育成、心理学セミナーなどを行なう。自らの子育て経験と、年間1000時間の臨床実績に裏づけられたカウンセリングで、多くの親子、家庭を問題解決へと導いてきた。大学非常勤講師などの経験から、現代の若者の傾向や親子関係にひそむ問題にも通じている。著書に『自分を知れば、経営が変わる!』(カナリア書房)。

ホームページ
http://www.tb-labo.jp/
メール
asazuma@tb-labo.jp
メルマガ会員用サイト

幼児期《ようじき》・小学生《しょうがくせい》・思春期《ししゅんき》
子《こ》どもが本当《ほんとう》は欲《ほ》しがっているお母《かあ》さんの言葉《ことば》

2012年8月20日　第1刷
2015年3月10日　第4刷

著　　者　朝《あさ》 妻《づま》 秀《ひで》 子《こ》
発 行 者　小澤源太郎

責任編集　株式会社 プライム涌光
電話　編集部　03(3203)2850

発 行 所　株式会社 青春出版社
東京都新宿区若松町12番1号 〒162-0056
振替番号　00190-7-98602
電話　営業部　03(3207)1916

印　刷　共同印刷　　製　本　大口製本

万一、落丁、乱丁がありました節は、お取りかえします。
ISBN978-4-413-03852-2 C0011